COMUNICAÇÃO INTEGRADA

PLANEJAMENTO DE

MANUAL DE
SOBREVIVÊNCIA
PARA AS
ORGANIZAÇÕES
DO SÉCULO XXI

• PROPAGANDA • MARKETING PROMOCIONAL • CRM • RELAÇÕES PÚBLICAS • PRODUCT PLACEMENT • FORÇA DE VENDAS • MERCHANDISING • MARKETING VIRAL • BUZZMARKETING •

CB025154

Dados Internacionais de Catalogação na Publicação (CIP)
(Câmara Brasileira do Livro, SP, Brasil)

Vasconcelos, Luciene Ricciotti
 Planejamento de comunicação integrada : manual de sobrevivência para as organizações do século XXI / Luciene Ricciotti Vasconcelos. — 2. ed.—São Paulo : Summus, 2009.

 Conteúdo: Propaganda — Marketing promocional — CRM — Relações públicas — Merchandising — Força de vendas — Product placement — Buzzmarketing — Marketing viral.

 Bibliografia.
 ISBN 978-85-323-0519-0

 1. Comunicação organizacional 2. Comportamento organizacional 3. Estratégia empresarial 4. Processo decisório 5. Sistema de informação gerencial I. Título.

08-11778   CDD-658.45

Índice para catálogo sistemático:
1. Comunicação integrada : Comportamento organizacional : Administração de empresas   658.45

Compre em lugar de fotocopiar.
Cada real que você dá por um livro recompensa seus autores
e os convida a produzir mais sobre o tema;
incentiva seus editores a encomendar, traduzir e publicar
outras obras sobre o assunto;
e paga aos livreiros por estocar e levar até você livros
para a sua informação e o seu entretenimento.
Cada real que você dá pela fotocópia não autorizada de um livro
financia o crime
e ajuda a matar a produção intelectual de seu país.

PLANEJAMENTO DE COMUNICAÇÃO INTEGRADA

MANUAL DE SOBREVIVÊNCIA PARA AS ORGANIZAÇÕES DO SÉCULO XXI

Luciene Ricciotti Vasconcelos

• BUZZMARKETING • MARKETING VIRAL • PLANEJAMENTO DE COMUNICAÇÃO INTEGRADA • PROPAGANDA • MARKETING PROMOCIONAL • CRM • RELAÇÕES PÚBLICAS • MERCHANDISING • FORÇA DE VENDAS • PRODUCT PLACEMENT •

summus editorial

PLANEJAMENTO DE COMUNICAÇÃO INTEGRADA
manual de sobrevivência para as organizações do século XXI
Copyright © 2009 by Luciene Ricciotti Vasconcelos
Direitos desta edição reservados por Summus Editorial

Editora executiva: **Soraia Bini Cury**
Assistentes editoriais: **Andressa Bezerra e Bibiana Leme**
Capa: **Alberto Mateus**
Projeto gráfico e diagramação: **Crayon Editorial**

Summus Editorial
Departamento editorial:
Rua Itapicuru, 613 – 7º andar
05006-000 – São Paulo – SP
Fone: (11) 3872-3322
Fax: (11) 3872-7476
http://www.summus.com.br
e-mail: summus@summus.com.br

Atendimento ao consumidor:
Summus Editorial
Fone: (11) 3865-9890

Vendas por atacado:
Fone: (11) 3873-8638
Fax: (11) 3873-7085
e-mail: vendas@summus.com.br
Impresso no Brasil

*Aos meus pais,
Rubio e Rosa Maria,
por tanto.*

AGRADECIMENTOS

À minha filha AMANDA,
por sua alegria contagiante.

Aos mestres:
HENRIQUE VAILATI NETO,
por sua grande contribuição: exemplo,
carinho, apoio e torcida.
LUIZ FERNANDO GARCIA, pela atenção
cuidadosa, orientação e apoio
a este trabalho.
JOÃO DE SIMONI FERRACIÙ,
pelo carinho e incentivo.

Aos amigos:
PATRÍCIA CICARELLI e SÉRGIO MOTTA,
por sua presença e seu apoio.
JOÃO MARCOS CICARELLI,
por sua permissão para que este trabalho
o acompanhasse em uma noite estrelada
no sítio Quatro Estações.

SUMÁRIO

PREFÁCIO... 11

APRESENTAÇÃO................................... 13

INTRODUÇÃO..................................... 15

1 A COMUNICAÇÃO E O MARKETING................ 19
Exercícios... 22

2 CONHECIMENTOS IMPRESCINDÍVEIS PARA A REALIZAÇÃO DE UM CORRETO PLANEJAMENTO DE COMUNICAÇÃO INTEGRADA...................... 23
Planejar é solucionar problemas....................... 25
Marketing é uma batalha de informações............... 26
É preciso abandonar ideias preconcebidas e quebrar velhos paradigmas..... 27
A mais rígida regra é: seja flexível..................... 28
Marketing de neandertal............................. 29
Exercícios... 32

3 O MODELO DE COMUNICAÇÃO COMO ORIENTAÇÃO PARA A BUSCA DE INFORMAÇÕES E RACIOCÍNIO ESTRATÉGICO DO PLANEJAMENTO DE COMUNICAÇÃO INTEGRADA............ 34
Modelo de comunicação.............................. 34
Organizando a busca de informações para a solução do problema......... 37
O primeiro foco: o comunicador....................... 38
O segundo foco: o receptor da mensagem............... 40
O terceiro foco: informações do ambiente de marketing... 48
O quarto foco: informações do macroambiente.......... 52
Organizando os quatro focos: a solução do problema..... 55
Exercícios... 56

4 ESTABELECER OS OBJETIVOS DA COMUNICAÇÃO....... 57
Exercício.. 58

5 DEFINIR A MENSAGEM E A ESTRATÉGIA
(CAMINHO) DA COMUNICAÇÃO 59
Exercícios 60

6 DEFINIR A MENSAGEM. 62
Psicologia do consumidor na escolha e apresentação da mensagem 65
Exercícios 67

7 DEFINIR OS CANAIS/FERRAMENTAS DE COMUNICAÇÃO 68
Ferramentas principais 70
Ferramentas complementares 101
Ferramentas inovadoras 103
Exercícios 105

8 MEIO: POR QUAL MÍDIA/VEÍCULO? 108
Exercício 113

9 INTERNET E AS NOVAS TECNOLOGIAS
NO PLANEJAMENTO DE COMUNICAÇÃO 114
Exercícios 120

10 A CRIATIVIDADE 121
Criatividade no planejamento 121
Criatividade na visão do produto/empresa (comunicador) 121
Criatividade na escolha do público-alvo 122
Criatividade estratégica 123
Criatividade na mensagem. 123
Exercícios 128

11 O PLANO DE COMUNICAÇÃO INTEGRADA 129
Exercício 131

12 UMA VISÃO HOLÍSTICA DA COMUNICAÇÃO 133
Exercícios 137

CONCLUSÃO. 139

BIBLIOGRAFIA 142

PREFÁCIO

AO EDUCADOR, entre tantas tarefas gratificantes, nenhuma supera a de ser superado pelo educando; uma das raras situações nas quais o que poderia parecer derrota é sucesso pleno, realização de tudo que se pode desejar em educação.

Quando Luciene me procurou para contar de si e de sua atuação como docente, por insignificante que possa ter sido minha contribuição para isso, senti o prazer de haver ajudado a nascer mais uma excelente professora, mais uma pessoa voltada à tarefa de dividir com os outros seus conhecimentos, de ver na educação o princípio e o fim de qualquer projeto civilizatório bem-sucedido. Assim, foi com a emoção de pai intelectual que recebi o honroso convite para apresentar ao mercado este trabalho sério por seu conteúdo e mais sério ainda pela cuidadosa destinação acadêmica a que se propõe.

Planejamento de comunicação integrada é um trabalho de atualidade indiscutível que revela a objetividade e a simplicidade que marcam a produção dos que conhecem seu objeto de estudo e conseguem descomplicá-lo, para o tornarem didático sem perda de profundidade e de riqueza. Isso se evidencia desde as primeiras páginas ao se constatar a visão estratégica no trato da gestão integrada da comunicação na organização. Tal viés demonstra o profundo conhecimento da questão organizacional nesse mercado complexo, no qual, em tempos de uma comunicação geneticamente modificada pelos multimeios, há uma grande dificuldade de se estabelecerem as variáveis essenciais de sobrevivência e êxito das organizações: será a comunicação interna às organizações que definirá sua coerência e unidade, sua capacidade de resiliência e, portanto, de reação

11

às constantes e criativas ameaças externas. Da mesma forma, o que é mais enfatizado pelo senso comum, a divulgação de uma imagem externa coerente da organização, revestiu-se, em nossos dias, de novas facetas indispensáveis que vão muito além do espectro tradicional de atuação, tais como a questão da responsabilidade social que extrapola o já esgotado estereótipo da *empresa cidadã*.

É por isso que, nestes tempos de comunicação em espaços virtuais, nesta era de uma dinâmica tecnológica vertiginosa, em que a subversão das referências tradicionais é a variável constante, uma abordagem metodologicamente segura, sem receio (nem a obrigação) de inovar, é um norte confiável para o estudante que carece de balizamento teórico suportado por uma visão realista do mercado e protegida de modismos aventureiros, bem como uma ferramenta indispensável ao mister de docente, sempre carente de apoios bibliográficos conscientes das especificidades de nossas salas de aula.

Finalizando, obrigo-me a reiterar minha gratidão e orgulho de apresentar este meu neto intelectual que leva as marcas de seriedade e competência da Luciene como garantias de qualidade.

Henrique Vailati Neto
Diretor da Faculdade de Administração da Fundação
Armando Álvares Penteado – Faap

APRESENTAÇÃO

DEPOIS DE TRABALHAR, desde meados dos anos 1990, nas áreas de criação e planejamento em empresas e agências de grande e médio portes de São Paulo, ministrar palestras sobre marketing e comunicação de marketing em diversas instituições e faculdades, como autora de livro na área, tornei-me professora universitária, lecionando as disciplinas: Planejamento de Comunicação, Produção Publicitária em Rádio e Marketing Internacional.

Ao elaborar o curso de Planejamento de Comunicação, organizei o conteúdo-base deste livro de forma prática e solidamente estruturada nos mais consagrados e atuais conceitos de comunicação integrada de marketing que, há décadas, apontam a importância de pensar a comunicação de forma multidisciplinar.

O objetivo inicial deste trabalho era transmitir aos alunos conhecimentos relacionados ao planejamento e sua função aplicada às ferramentas da comunicação integrada de marketing.

Após avaliar o desenvolvimento das turmas durante o curso, estruturei este livro adicionando outros tópicos abordados em aula e percebidos como fundamentais para capacitá-los a pensar de forma estratégica e integrada a comunicação de empresas e organizações.

Com a evolução das tecnologias de comunicação e as mudanças sofridas pelo marketing após os anos 1980, surgiu uma conscientização geral de que as empresas precisam planejar e aplicar de forma integrada suas comunicações. Em decorrência disso, este guia abrangente apresenta a matéria de forma simples e objetiva, buscando contribuir para a formação de profissionais capazes de pensar estrategicamente as ações de comunicação integrada; indicar uma direção segura aos profissionais desse setor e aos empresários das diversas áreas envolvidas no planejamento, colocando-os em sintonia e agregando força à busca de objetivos corporativos. E, para empresas de menor porte, onde as funções específicas de cada ferramenta do composto de comunicação chegam a ser desconhecidas, ou têm suas aplicações mal entendidas, este trabalho pode contribuir com esclarecimentos essenciais para elevar a competitividade e otimizar os investimentos em comunicação.

De forma simbólica, trabalhar com o planejamento de comunicação integrada é como jogar xadrez. É preciso, em primeiro lugar, entender as regras, as características do tabuleiro, conhecer suas peças, como e quando cada uma pode ser movimentada e definir a estratégia do jogo com base nas informações do adversário, no objetivo a ser conquistado e, ainda, conseguir antever possíveis mudanças no tabuleiro para posicionar corretamente as peças.

INTRODUÇÃO

DE FORMA GERAL, não há processo de comunicação que dispense um bom planejamento. Seja para comunicar um currículo; fazer uma apresentação para um grupo de trabalho; comunicar produtos e serviços, envolvendo qualquer volume de verba; divulgar uma ideia nova, ganhar a simpatia de determinado público a uma grande causa etc. A função do planejamento é obter o máximo retorno possível de uma comunicação, otimizando o investimento realizado, qualquer que seja ele.

O planejamento de comunicação integrada pode e deve ser aplicado para o cumprimento de objetivos de longo, médio ou curto prazos. O que varia, é claro, é a durabilidade, intensidade e direcionamento das ações de comunicação específicas para cada objetivo a ser atingido.

A busca de resultados pressupõe a superação de obstáculos e a escolha da melhor estratégia para alcançá-los. Sendo assim, trabalhar com planejamento de comunicação é trabalhar na busca da solução de um problema, compreendendo as dificuldades e os desafios enfrentados em determinado mercado e propondo a sua solução. O problema enfrentado deve, antes de tudo, ser analisado e diagnosticado corretamente. Se uma empresa necessita, por exemplo, vender um grande estoque encalhado de determinado produto, antes de realizar qualquer proposta para a comunicação objetivando incrementar vendas, é preciso entender as razões desse encalhe.

Em sala de aula, quando se pergunta qual a função do planejamento de comunicação, muitas vezes os alunos respondem: vender mais. Porém, gerar vendas é apenas uma das possibilidades de objetivos a serem solucionados com um correto planejamento de comunicação. Tornar algo conhecido, ganhar a simpatia do público para uma causa, informar, criar uma imagem positiva para uma empresa, fidelizar clientes, estimular a experimentação, incentivar bons hábitos na população e até mesmo não vender em determinado momento são objetivos que podem ser buscados mediante um correto planejamento.

Certa vez, em um projeto para um grupo de concessionárias de motos, trabalhei em uma campanha exatamente com o último exemplo citado: não vender. Em decorrência de um excesso de demanda para uma nova linha, a fábrica não estava entregando mercadorias na região e o número de clientes insatisfeitos por ter comprado e não ter recebido o produto crescia a cada dia. Atender aos novos pedidos seria criar mais insatisfação e problemas.

Portanto, os objetivos da comunicação eram: informar aos clientes que já haviam comprado sobre as providências que estavam sendo tomadas pela empresa; explicar as razões do atraso na entrega e comunicar aos que queriam comprar a razão pela qual as vendas estavam suspensas temporariamente, organizando uma lista de espera. Além disso, era preciso usar o fato de haver um excesso de procura para valorizar o produto e proteger a marca da concessionária e do fabricante contra uma possível associação com desonestidade ou descaso ao cliente, o que atrapalharia o cumprimento dos objetivos de busca da liderança regional e expansão do grupo de concessionárias para as cidades vizinhas.

Planejar a comunicação é muito mais do que escolher o que vai ser dito em uma campanha e fazer propaganda em jornais e revistas. É analisar e diagnosticar corretamente um problema específico e encontrar uma solução estratégica, potencializando o mercado em estudo por meio das mais variadas ferramentas do composto de comunicação: propaganda, promoção de vendas, relações públicas, marketing direto e força de vendas.

O PLANEJAMENTO DE COMUNICAÇÃO INTEGRADA ENVOLVE OBRIGATORIAMENTE:

1 ANÁLISE DE UM PROBLEMA ESPECÍFICO por meio dos elementos do planejamento de marketing: produto, preço, distribuição, histórico do produto e da empresa, público-alvo potencial, disposição para compra, características de escolha e outros, com foco nos objetivos da empresa/produto/serviços.

2 DIAGNÓSTICO DA SITUAÇÃO ATUAL e determinação dos objetivos da comunicação.

3 ESCOLHA DA ESTRATÉGIA DE COMUNICAÇÃO com base na análise das possibilidades de aplicação das ferramentas do composto de comunicação, tendo cada uma delas uma função específica.

4 DEFINIÇÃO DO FOCO DA MENSAGEM, relacionado ao posicionamento de mercado determinado, também com base nos objetivos da empresa para a correta solução do problema, por exemplo: foco na exaltação da qualidade, no preço mais baixo, diferencial do produto etc.

Muitas dessas áreas de abrangência envolvem elementos do que chamamos de marketing mix. Por essa razão, para realizar um planejamento de comunicação é imprescindível saber e entender alguns importantes conceitos do marketing neste século XXI e qual o papel da comunicação em seu contexto.

1 A COMUNICAÇÃO E O MARKETING

QUANDO O OBJETIVO É a busca da correta solução de um problema por meio de um planejamento estratégico de comunicação, é imprescindível entender o vínculo entre a comunicação e os elementos do chamado marketing mix.

> "Não há planejamento de comunicação desvinculado do marketing – o planejamento de comunicação é o elo entre a comunicação e o marketing."
> JULIO RIBEIRO

Uma vez que o planejamento de comunicação precisa entender e diagnosticar um problema que ocorre, obrigatoriamente, em certo ambiente de marketing, sua avaliação deve estar baseada nos elementos formadores deste. Em um planejamento de comunicação pode-se, por exemplo, sugerir uma forma diferente de apresentação do produto, um uso inovador ou o direcionamento da mensagem a um novo segmento de mercado ainda não explorado. Por essa razão, é preciso compreender o que é marketing e como a comunicação está inserida em seu contexto. Segundo a American Marketing Association (AMA): "Marketing é o processo de planejar e executar a concepção, estabelecimento de preço, promoção e distribuição de ideias, bens e serviços, para criar trocas que satisfaçam objetivos individuais e organizacionais" (*apud* Yanaze, 2006, p. 8).

De forma mais dinâmica, marketing é um processo que orienta uma empresa a atender às necessidades e aos desejos de determinado segmento de mercado, para desenvolver um produto ou serviço capaz de satisfazer essas necessidades e expectativas, por meio da determinação do marketing mix ideal: características do **produto**, **preço** (com base nos custos internos, expectativas e potencialidade do público-alvo), escolha dos pontos e formas de **distribuição** e como será a promoção do produto, a **comunicação**.

Segundo o professor Mitsuru Higuchi Yanaze (2006), da ECA – USP, para se realizar essa tarefa é preciso:

◉ Identificar corretamente os segmentos de mercados a serem servidos, suas necessidades, potenciais e preferências.
◉ Desenvolver produtos ou serviços capazes de satisfazer essas necessidades e expectativas.
◉ Comunicar-se adequadamente com os mercados para informar sobre os produtos ou serviços da empresa/organização, seus diferenciais e características, sempre em harmonia com os gostos e as preferências do público-alvo escolhido.
◉ Efetivar vendas e garantir a distribuição dos bens ou serviços desenvolvidos.
◉ Realizar as atividades que garantem a sustentação da relação produtiva entre a empresa e seus clientes.

Dessas necessidades, decorrem algumas funções específicas do marketing:

◉ Pesquisa de mercado – para colher informações, identificar e conhecer os potenciais segmentos de mercado e suas necessidades.
◉ Desenvolvimento e administração de produtos – criação de produtos e serviços capazes de atender às necessidades e expectativas do segmento de mercado escolhido, envolvendo todos os processos, desde a busca de matéria-prima e recursos até a determinação de características, diferenciais,

embalagem, gerenciamento dos processos de produção e determinação de preço de venda.

- Planejamento de comunicação – para comunicar adequadamente o produto/empresa, fazendo uso integrado das ferramentas do composto de comunicação, tendo como função potencializar mercados e atingir objetivos específicos.
- Estabelecer estrutura de vendas – para garantir a oferta do produto ou serviço a clientes finais ou intermediários de negociações etc.
- Garantir suporte pós-venda – para sustentar a relação com clientes, oferecendo: assistência técnica, controle de satisfação, suporte para esclarecimentos no uso do produto etc.

A comunicação é um dos itens do composto de marketing associados às decisões estratégicas que viabilizam a conquista do resultado esperado. Tem a função de garantir que todo o planejamento de marketing, feito com base nas necessidades de determinado mercado, atinja esse mercado, e a empresa ou o produto seja comunicado, tornando-se conhecido de seu público-alvo.

Por essa razão, para que determinado objetivo de marketing seja solucionado por meio da comunicação, é preciso avaliar todos os demais elementos do marketing mix. Um problema de encalhe de determinado produto eletrônico, por exemplo, pode ter como causa a baixa eficiência na assistência técnica. Dessa forma, enquanto isso não for solucionado, a comunicação não resolverá o encalhe. E, nesse caso, a comunicação, após a correção das falhas existentes, poderá ter como foco divulgar a efetiva melhora dos serviços de assistência para os clientes e vendedores.

EXERCÍCIOS

1 Uma associação contratou você para realizar um planejamento de marketing e comunicação para um novo serviço bastante acessível de orientação e tratamento antitabagismo que, apesar de sua reconhecida qualidade, não conta com um número satisfatório de atendimento.

a Elabore dez perguntas a serem respondidas pela associação objetivando o levantamento de informações para o melhor entendimento da situação.

b Defina os 4 Pês desse trabalho.

c Aponte o público-alvo, as necessidades e as preferências dele em relação ao serviço oferecido.

d Desenvolva para a associação uma orientação quanto às características que o serviço deve ter para atender às expectativas do público-alvo determinado.

e Proponha uma breve orientação dos objetivos de marketing e características da comunicação desse serviço.

2 Explique o elo entre a comunicação e o marketing.

2 CONHECIMENTOS IMPRESCINDÍVEIS
PARA A REALIZAÇÃO DE UM CORRETO PLANEJAMENTO DE COMUNICAÇÃO INTEGRADA

ALÉM DE ENTENDER A COMUNICAÇÃO como parte integrante do marketing, para que um planejamento de comunicação seja eficaz, é preciso lembrar que: "O marketing é uma batalha de percepções – e não de produtos". Essa afirmação, descrita como a 4ª lei do marketing no clássico livro de Al Ries e Jack Trout, *As 22 consagradas leis do marketing*, orienta como buscar informações sobre os elementos e as características do mercado deixando claro que somente avaliar os fatos não basta para garantir uma orientação estratégica correta. É preciso entender as percepções que esses fatos geram no mercado e como são interpretados pelos consumidores. Por exemplo: o conhecimento de que uma empresa tem o melhor produto não garante que ela vencerá, pois o mais importante é como o consumidor o vê, ou seja, como funciona essa batalha de percepções na mente do público-alvo.

Para o mercado, qual é o melhor produto? Qual é a percepção do consumidor em relação a determinada marca? Essas são perguntas mais importantes do que o fato de um produto ser comprovadamente o melhor em laboratórios.

Ainda sobre percepções, Peter Druker orienta empresários e profissionais de planejamento a tomar alguns cuidados na hora de avaliar fatos relacionados ao ambiente de marketing de uma empresa:

- O que a empresa supõe conhecer sobre o cliente é mais provável estar errado do que certo.
- O que a empresa pensa estar vendendo não é necessariamente o que o cliente está comprando – vale mais a percepção que o cliente tem do produto.
- O mais importante para o cliente nem sempre é aquilo que o produtor imagina.

A única realidade de que podemos ter certeza são nossas percepções, e o marketing busca entender, mensurar e controlar essas percepções. Planejar a comunicação é apresentar uma mensagem de forma a despertar no público-alvo a percepção desejada para a conquista do retorno objetivado.

QUANDO SE TEM UM MARTELO NA MÃO,
TUDO PODE PARECER UM PREGO.

Em planejamento, é preciso pensar, primeiro, no problema de mercado e depois nas ferramentas das quais dispomos para solucioná-lo. Se o planejamento for iniciado, por exemplo, tendo a propaganda como sinônimo de comunicação, velho paradigma que será comentado adiante, com certeza a solução a ser encontrada fará uso dessa ferramenta, pois, com o "martelo" da propaganda nas mãos, qualquer problema tem uma grande tendência a se assemelhar a um "prego".

Para mostrar como, realmente, tendemos a fazer uso da ferramenta que temos em mãos, no início das minhas palestras e na primeira aula de planejamento de comunicação na faculdade, peço a um aluno ou a um participante que me auxilie fixando um parafuso em uma esfera de isopor e, no mesmo instante, entrego em suas mãos um martelo. Nesses anos de aplicação dessa pequena brincadeira, a esmagadora maioria fez uso do martelo para fixar o parafuso no isopor, sem questionar se a

ferramenta que estava em suas mãos seria adequada ou mesmo necessária para o cumprimento do objetivo desejado. Apenas um aluno do curso de Comunicação Social, antes de dar uma martelada para fixar o parafuso no isopor (na maioria dos casos quebrando a esfera, extremamente delicada), perguntou:
– Posso colocar o parafuso com as mãos?
– Bravo! – aplaudi de pé.

Para planejar a comunicação é preciso diagnosticar um problema e saber quais são as ferramentas de comunicação disponíveis, qual a sua utilidade e como cada uma delas pode ser empregada.

Planejar é solucionar problemas

Ao refletir sobre a frase de Albert Einstein destacada ao lado, pode-se questionar o fato de que, muitas vezes, a pessoa que planeja a comunicação de uma empresa não foi a que criou o problema de mercado e, portanto, não está no mesmo nível de pensamento em que ele foi criado. Mas é esse nível de pensamento que é transmitido quando a formulação do problema

> "Os problemas significativos que confrontamos não podem ser resolvidos no mesmo nível de pensamento em que estávamos quando os criamos."
> ALBERT EINSTEIN

chega à mesa do planejamento. Ou seja, toda a empresa, seus executivos, gerentes e até mesmo a presidência tendem a levar ao planejamento de comunicação um problema já entendido por eles ou, no mínimo, repleto de análises baseadas em dados ultrapassados ou insuficientes. Ou seja, transmitem exatamente o nível de pensamento gerador do problema, com o qual não será possível solucioná-lo. A solução de um problema só é possível quando este é avaliado de forma ampla e com a busca de novas possibilidades e informações.

Em relação a esse tema, um dos maiores pensadores de nossa história, Karl Marx, afirma, no prefácio a uma contribuição à *Crítica da economia política*, que os problemas só surgem quando estão presentes todas as condições para solucioná-los. Sendo assim, basta encontrar as condições e equacioná-los.

Empresas e agências de todos os portes têm entre seus *cases* de sucesso dezenas de soluções geniais encontradas justamente quebrando paradigmas sobre produtos, consumidores e meios de comunicação. Trata-se de soluções que só podem ser encontradas com o trabalho de coleta de informações recentes e pesquisadas visando à busca da correta compreensão de um problema.

Marketing é uma batalha de informações

Esta orientação complementa as anteriores. Como nada podemos presumir antes de começar e tudo devemos saber para entender um problema e conseguir solucioná-lo, trabalhar na busca incessante de informações é imprescindível para o trabalho de planejamento de comunicação. Nesse momento, a curiosidade profissional e o prazer pelo processo de busca podem ser determinantes para o sucesso e cumprimento dos objetivos.

O mundo gera informações a uma velocidade cada dia maior. Estar bem informado, saber buscar novos dados e conferir os que chegam aos ouvidos é a chave para este trabalho. Avaliar os porquês, estudar as características do produto e sua história, entender as necessidades do público-alvo, as tendências de comportamento e as percepções sobre o produto/serviço, empresa ou instituição são elementos que fazem parte das informações indispensáveis para garantir o sucesso de uma campanha.

É preciso abandonar ideias preconcebidas e quebrar velhos paradigmas

Em seu livro *Criatividade no trabalho e na vida*, Roberto Menna Barreto aponta o preconceito e as generalizações como fatores extremamente perigosos para induzir ao erro em momentos de busca de soluções e definições estratégicas. "Toda mulher gosta de roupas" e "todo homem assiste a jogos de futebol" são exemplos de preconceitos de mercado, ou seja, de conceitos baseados em uma ideia geral fora do foco da questão que está sendo estudada.

Menna Barreto, em seu livro, lembra que Hitler, pouco antes de sofrer sua grande derrota na invasão ao território russo, teria afirmado que bastaria um chute na porta e tudo o mais ruiria. Por essa razão, em planejamento de comunicação integrada vale lembrar, também, a célebre frase de Sócrates, filósofo grego, como uma orientação muito pertinente para o mercado dinâmico dos dias atuais:

"Só sei que nada sei."

Para planejar, é preciso procurar informações recentes e consistentes sobre o problema em análise, sem preconceber ideias ou manter-se atrelado a ideias antigas e, somente depois, trabalhar em sua solução. Além dos preconceitos, velhos paradigmas também podem representar obstáculos ao bom desempenho do planejamento de comunicação integrada. O principal deles é o que atribui à propaganda um papel de relevância e coloca as outras ferramentas da comunicação em segundo plano. O trabalho multidisciplinar da comunicação exige que cada ferramenta desempenhe o seu papel de forma estrategicamente adequada à conquista dos resultados desejados.

A mais rígida regra é: seja flexível

Flexibilidade tornou-se indispensável – nestes tempos de velozes mudanças tecnológicas, adicionadas à globalização da informação e do conhecimento, a flexibilidade tornou-se indispensável para a sobrevivência em qualquer área.

Ao falar de flexibilidade, vale lembrar a definição divulgada por Mokiti Okada, o Meishu Sama, em seus ensinamentos: "Ser flexível é ser livre de limitações. O 'jiyu-muge' significa 'não criar formas, normas e mandamentos' e, por extensão: 'ser completamente livre de todas as limitações'" (Sama, 2008).

Lembrando ainda que não se trata de egocentrismo, e sim da liberdade que respeita a liberdade alheia e, é claro, facilita a integração.

Por essa razão, a flexibilidade tem mostrado ser uma característica essencial para o sucesso em planejamento de comunicação integrada que "coloca à mesa" profissionais de diversas áreas e egos variados trabalhando por um objetivo comum. E, para exemplificar um grande benefício da flexibilidade, o mestre oriental a associa com "Enten", que quer dizer "a roda gira". Se uma roda possuir arestas, ela não gira e assemelha-se a um "konpeito" (doce cheio de ângulos), que, em vez de rodar, enrosca-se em toda parte com suas arestas inflexíveis.

A realização de um planejamento de comunicação integrada pede flexibilidade diante de mudanças no dia-a-dia, não só em relação à postura profissional individual e de equipes, mas em assuntos práticos como estrutura organizacional de agências, anunciantes e fornecedores. É preciso "deixar a roda girar" para atingir os resultados esperados.

Marketing de neandertal[1]

Com a evolução da tecnologia de informação e do foco na missão de atender às necessidades do mercado, pensando a comunicação de forma integrada, o marketing evoluiu e alguns conceitos e vícios do passado começaram a resultar em fracassos de mercado. Esse novo item adiciona ainda outros paradigmas a serem quebrados.

Para alertar empresas de todo o mundo, Philip Kotler define e divulga em suas palestras e seminários o que intitulou de marketing de neandertal, ou seja, práticas inadequadas para os dias atuais.

Sendo o planejamento de comunicação parte integrante do planejamento de marketing, é preciso conhecer esses "vícios" do passado para poder identificá-los em um momento de análise de problemas.

NEANDERTAL 1
EQUIPARAR MARKETING A VENDAS

Quando todas as tarefas do marketing mix foram bem planejadas e executadas de forma a atingir os objetivos do mercado, vender torna-se uma tarefa menos árdua. Quando existe a demanda (procura da satisfação de determinada necessidade do público-alvo), um produto corretamente elaborado para atendê-la, colocado à venda em locais de fácil acesso e por um preço correto do ponto de vista do valor que o cliente dá ao produto/serviço e comunicado de forma a despertar o interesse do consumidor, a tarefa de vender torna-se

> "Quando o marketing é bem-sucedido, as pessoas gostam do novo produto, a novidade corre de boca em boca e pouco esforço de venda se faz necessário."
>
> PHILIP KOTLER

---

1 KOTLER, Philip. *Marketing para o século XXI*. São Paulo: Futura, 1999.

> "O objetivo do marketing é tornar supérfluo o esforço de vender."
> PETER DRUKER

mais leve e simples de ser executada. O marketing começa muito antes da venda e continua por toda a vida do produto, tentando encontrar novos clientes, melhorar o poder de atração e o desempenho, tirar lições dos resultados das vendas e gerenciar novas vendas aos mesmos clientes.

NEANDERTAL 2
ENFATIZAR A CONQUISTA DE CLIENTES, E NÃO SUA MANUTENÇÃO

Um dos grandes fenômenos desencadeadores de expressivas mudanças na prática do marketing, após os anos 1990, foi o crescente valor das estratégias de manutenção de clientes. Ou seja, as empresas passaram a dar importância para o valor de um cliente como comprador de um produto durante a vida, e não apenas a incentivar e focar suas ações na constante conquista de novos clientes e ampliação de mercados.

Quanto vale um cliente que, há mais de vinte anos, compra sistematicamente certo produto sem nunca experimentar um concorrente? Pensar no potencial de determinado mercado significa ter como foco a expectativa de longevidade empresarial, o valor gerado por um cliente durante o decorrer de sua vida como consumidor fiel de um produto. Essa abordagem, desencadeada com a prática do marketing com banco de dados, que hoje avançou para o CRM (Costumer Relationship Management), será tratada mais adiante, também como parte de uma importante ferramenta de comunicação.

Destacar os esforços de marketing nas ações de conquista de clientes é, ainda, uma prática habitual em muitas empresas, até mesmo de grande porte, tal como um velho hábito que demora a morrer.

NEANDERTAL 3
TENTAR LUCRAR EM CADA TRANSAÇÃO EM VEZ DE DETERMINAR PREÇOS POR METAS

Esta prática de marketing de neandertal está em total harmonia com as razões e dificuldades habituais relacionadas ao foco na conquista de novos clientes em vez da manutenção dos clientes atuais. Determinar preço buscando o lucro em uma transação, sem se importar com o que é necessário para garantir que outras transações com um mesmo cliente aconteçam, significa visar o lucro imediato, abrindo mão do lucro pelo desempenho geral das vendas.

NEANDERTAL 4
PLANEJAR CADA FERRAMENTA DE COMUNICAÇÃO SEPARADAMENTE EM VEZ DE INTEGRÁ-LAS

O planejamento da comunicação integrado aos esforços de marketing deve ser ainda mais amplo do que simplesmente orientar e definir a estratégia de comunicação dentro do ambiente de marketing em estudo. A integração das ferramentas de comunicação é tão importante para as empresas que, sob seu aspecto organizacional, grandes mestres da matéria vêm sugerindo a criação de uma vice-presidência de comunicações, cuja função deve ser orientar, analisar e, principalmente, integrar toda a comunicação da empresa, alinhando-a a seus objetivos e metas de vendas, de desenvolvimento de imagem de marca, propagação de uma imagem de produto/serviço etc.

O planejamento de comunicação integrada vem sendo discutido há anos e aplicado por agências de todos os portes. A gigante McCann Worldgroup já registra *cases* de sucesso decorrentes da prática do planejamento de comunicação integrada, iniciada há dez anos, entre suas empresas: a McCann Erickson, a MRM (marketing de relacionamento e digital), a

Momentum (ativação de marca), a Future Brand (construção e design de marcas) e a WeberShandwick (PR), cada uma com especialidades em uma ferramenta de comunicação e pessoal capacitado a interagir e buscar soluções estratégicas criativas em equipe, somando conhecimento pela conquista de um objetivo comum: a integração das ferramentas da comunicação pela busca de resultados.

Avançando um pouco mais, por comunicação pode-se entender algo superior às ferramentas do composto de comunicação e meios de comunicação disponíveis, tais como propagandas em jornais e TV, eventos, assessoria de imprensa etc.

A visão ampliada de comunicação integrada significa, também, tomar decisões e orientar a comunicação respeitando uma simples regra: **tudo comunica**.

Após a abordagem das estratégias do planejamento de comunicação e suas aplicações integradas ao mix de marketing, no capítulo 9 será apresentada a visão holística da comunicação de uma empresa/organização/marca e a forma como o consumidor "entende" e registra as informações recebidas.

Essa visão orienta um completo gerenciamento das pequenas e significativas mensagens transmitidas no dia-a-dia, incluindo tanto a comunicação planejada em forma de campanhas quanto as informações transmitidas pelos mais variados contatos da empresa/marca/produto com seu segmento de mercado.

EXERCÍCIOS

1 Em grupo, escolha um produto conhecido de todos. Em uma folha de papel, cada integrante deve escrever sua própria percepção do produto em relação a qualidade, preço, capacidade de satisfazer necessidades, promessa da comunicação etc. Após registro individual, cada integrante deve ler suas anotações. Compare as respostas e reflita sobre as percepções de cada um e do grupo como um todo.

2 Escolha uma compra recente que tenha feito, reflita sobre a sua impressão do produto e defina qual característica foi decisiva para sua escolha.

3 Uma empresa objetiva lançar um novo produto de beleza capaz de aumentar o brilho e a maciez dos cabelos crespos. Defina dez informações essenciais para auxiliar um correto planejamento.

4 Uma empresa deseja lançar um novo cemitério vertical. Discuta em grupo as possíveis características do produto, seus benefícios, pontos fortes e pontos fracos. Proponha diferenciais em relação à concorrência e aponte as possíveis necessidades do público-alvo a serem satisfeitas. Após as discussões, anote as possíveis ideias preconcebidas citadas pelo grupo e reflita sobre as consequências que elas poderiam gerar em um provável planejamento de comunicação desse produto.

3 O MODELO DE COMUNICAÇÃO
COMO ORIENTAÇÃO PARA A BUSCA DE INFORMAÇÕES E RACIOCÍNIO ESTRATÉGICO DO PLANEJAMENTO DE COMUNICAÇÃO INTEGRADA

APÓS A INTRODUÇÃO sobre os conhecimentos imprescindíveis para a realização de um correto planejamento, é preciso posicionar todos os elementos da comunicação em um ambiente de marketing de forma sistemática e com o objetivo específico de orientar a análise de um problema por meio da busca das informações essenciais para sua correta análise e proposta de solução.

Modelo de comunicação

Como o primeiro passo do planejamento de comunicação é encontrar a solução de um problema colhendo informações recentes, avaliando percepções e diagnosticando a situação do momento, é preciso organizar, em primeiro lugar, a busca dessas informações. Com esse objetivo em mente, o modelo de comunicação, com seus elementos em congruência com o ambiente de marketing, serve de bússola para apontar os mais variados ambientes onde possam existir informações consistentes e relevantes para garantir o sucesso do trabalho.

Por onde iniciar a busca de informações para a correta solução de um problema?

O primeiro passo está em entender o modelo de comunicação. Em uma ponta tem-se o **comunicador** (1), a empresa/o produto/ a ideia/a marca que será comunicado(a). No outro extremo está o **receptor** (2) da mensagem (o público-alvo da campanha), aquele que deve "responder" à comunicação planejada a fim de garantir o retorno esperado. Além do público-alvo da campanha (consumidor), é preciso lembrar que também são receptores da mensagem dois outros públicos:

- ◉ Público interno – composto pelos funcionários da empresa e seus círculos de relacionamento.
- ◉ Público intermediário – que consiste nos integrantes da cadeia de distribuição, atacadistas e varejistas.
- ◉ Comunidade – compreende setores como imprensa, governo, ONGs, sindicatos e associações; enfim, trata-se da opinião pública.

Os receptores da mensagem devem reagir à comunicação da forma objetivada para que esta atinja os resultados esperados.

Planejar uma campanha é analisar as informações dos elementos integrantes desse modelo, entender o problema que está sendo analisado e propor uma estratégia que envolverá definir o caminho da comunicação:

- **Mensagem** (3) – o que deverá ser dito, ou seja, a informação que deve ser transmitida pela comunicação (a percepção a ser gerada sobre uma empresa, produto, marca etc.). Essa definição é uma das soluções do problema e está diretamente ligada ao posicionamento de mercado ideal para o cumprimento dos objetivos da comunicação.
- **Ferramentas** (4) – quais os canais/ferramentas de comunicação mais eficientes para que o receptor da mensagem reaja conforme o retorno objetivado.
- **Meio** (5) – meios de comunicação pelos quais a mensagem (3), por meio das ferramentas de comunicação (4) escolhidas, atingirá os receptores (2) da mensagem, público-alvo determinado.

Depois, é preciso conhecer e avaliar informações sobre os receptores e suas necessidades, estilo de vida e percepções, potencial e disponibilidade para a ação desejada, interesse dos intermediários e funcionários da empresa.

Além disso, toda a comunicação está inserida em um ambiente de marketing com concorrentes, colaboradores, formadores de opinião e estímulos de comunicação. É preciso entender como funciona esse ambiente específico e, ainda, o macroambiente, que com a globalização ficou ainda maior e inclui as tendências de comportamento, econômicas, de estilo de vida, tecnológicas etc.

As informações levantadas no processo de planejamento devem ser constantemente interligadas e comparadas a fim de clarear as questões geradoras do problema, levantando, constatando ou eliminando as mais variadas hipóteses.

O consumidor conhece o produto e sua característica diferencial? Qual a percepção do público-alvo? Quais os interesses dos intermediários? Qual o envolvimento e comprometimento dos funcionários da empresa? A característica ressaltada na comunicação até então atende à qual necessidade do consumidor? Há satisfação? Qual outra necessidade do consumidor pode ser suprida com o produto a ser comunicado? Ele sabe disso?

Organizando a busca de informações para a solução do problema

A matéria-prima do marketing é a informação. Vence quem estiver mais bem informado e souber avaliar as informações utilizando-as como meio de elaboração de estratégias.

As informações do mercado, como um todo, podem ser obtidas em jornais, internet, empresas de pesquisas, estudos de mercado e comportamento ou pesquisas encomendadas.

E as informações específicas sobre a empresa, seu produto e, ainda, parte da informação

"Aquele que transforma em ação as informações corretas no momento certo e antes da concorrência tem um marketing melhor e lucros mais altos."
JOACHIM
WOERNER

sobre seus concorrentes e potenciais clientes, podem ser levantadas em entrevistas e/ou conversas informais com funcionários, vendedores, distribuidores, visitas às fábricas, locais de distribuição etc.

De maneira geral todas as empresas têm um terreno fértil para a armazenagem de informações, porém poucas são verdadeiramente aproveitáveis para objetivos específicos. Tendo um problema como foco, a busca de informações é mais dirigida e seu aproveitamento é muito melhor.

Em conversas informais com vendedores, pode-se receber um material riquíssimo para a compreensão geral do que está sendo estudado. No ponto de distribuição, os balconistas dos revendedores podem oferecer um conhecimento prático sobre o comportamento do consumidor na hora da escolha dos produtos, informando novos dados sobre eles e, principalmente, sobre a percepção, o uso e as necessidades dos consumidores.

O primeiro foco: o comunicador

O PRODUTO/SERVIÇO/IDEIA/MARCA

É preciso conhecer e saber tudo a respeito do que vai ser comunicado e lembrar que dentro deste grupo de informações existem subgrupos: tipo de produto, finalidade de uso, preço, pontos positivos, pontos negativos, diferenciais, usos, promessa atual (ex.: xampu que cobre cabelos brancos ou tinge e trata), tipos de embalagem, histórico de vendas do produto, campanhas anteriores que o comunicaram, diferencial apresentado ao público, retorno obtido etc.

É preciso lembrar, também, que nem sempre as comunicações são feitas para vender produtos ou divulgar suas características. Pode-se ter como "produto" uma ideia que deve ser "vendida", por exemplo: economizar água, divulgar a importância da cordialidade no dia-a-dia das pessoas, problemas do uso de drogas etc.

Certa vez, conversando com Raul Pinto – que na época estava à frente do projeto "Parceria contra as drogas" –, iniciei como voluntária um trabalho para a divulgação de uma campanha cujo tema era "Droga nas empresas". A comunicação deveria esclarecer e informar o aumento dos casos de dependência química iniciada por uso de remédios e bebidas alcoólicas entre executivos de grandes empresas. Era preciso divulgar a conclusão dos mais recentes estudos sobre o assunto: as empresas que oferecem suporte e auxílio para o funcionário livrar-se da dependência recebem, em retribuição, um novo profissional muito mais dedicado, eficiente e extremamente agradecido. Assim, para a empresa é melhor auxiliar um funcionário com problemas de dependência química do que o demitir. O público-alvo da campanha era composto por altos executivos, presidentes de empresas e profissionais de recursos humanos.

Nesse caso, conhecer o produto significou estudar o tema, pesquisar como o assunto havia sido abordado anteriormente, entender a percepção das pessoas em relação à ideia e definir a maneira correta de abordá-lo.

A EMPRESA

O ambiente da empresa a ser comunicada é um rico registro de informações para o planejamento: pedidos de compra; custos; níveis de estoque; contas; banco de dados de clientes; dados técnicos sobre os produtos/serviços que oferece; história da empresa; política de preços e distribuição; posicionamento de marca; políticas de comunicação; regras internas para apresentação da marca, do produto ou empresa; problemas de mercado enfrentados anteriormente e as soluções encontradas; objetivos de marketing; etc.

PLANEJAMENTO DE COMUNICAÇÃO INTEGRADA 39

O segundo foco: o receptor da mensagem

OS POTENCIAIS CONSUMIDORES – PÚBLICO-ALVO

Neste segundo grande grupo de informações a serem pesquisadas, encontra-se um imenso universo de dados e possibilidades para determinar se este é, realmente, o público correto para o encaminhamento da mensagem. Com a avaliação do público-alvo, receptor da mensagem, pode-se chegar à conclusão de que, por exemplo, o público estudado tem o desejo de comprar, mas não está disposto, ou não tem condições de pagar pelo produto. A solução, nesse caso, pode ser encontrar outro perfil de público-alvo ou avaliar a possibilidade de alteração do produto para redução de preço.

O **receptor da mensagem** é para quem a comunicação deve ser dirigida, e a avaliação de suas características e do mercado pode oferecer respostas ainda mais profundas:

- Quem são os consumidores potenciais do produto ou serviço? São empresas? Consumidores diretos?
- De quem se espera reação à comunicação a ser planejada?
- Qual segmento de mercado é o foco da comunicação?
- Quantos públicos existem? Distribuidores? Público consumidor final?
- Do que necessitam ou o que desejam?
- O público-alvo indicado pelo marketing da empresa está correto?
- Pode-se potencializar o mercado pela ampliação ou mudança do público-alvo?
- Que necessidades pretendem satisfazer?
- Classe social.
- Faixa etária.
- Estilo de vida.
- Quem participa da decisão de compra?

- Quem compra? Quem usa? Quem influencia a escolha?
- Com base em que tomam suas decisões de compra?
- Onde preferem comprar?
- Quem paga?
- Já consomem algum produto concorrente?

Em alguns casos essas informações são levantadas por meio da observação direta dos profissionais de planejamento e, em outros, com pesquisas de marketing que ajudam a obter as respostas a essas perguntas. Porém, mesmo para se contratar uma empresa de pesquisa é preciso estar com o problema bem avaliado para poder orientá-la sobre o que é preciso saber em relação ao mercado.

Avaliar as informações neste item essencial da campanha pode ser ainda mais proveitoso com o conhecimento dos estudos sobre o comportamento e a psicologia do consumidor, que visam a oferecer uma melhor orientação para a avaliação e interpretação das informações levantadas sobre o público-alvo potencial para uma campanha e o mercado como um todo. O estudo do comportamento e da psicologia do consumidor é realizado para permitir o desenvolvimento de **estratégias de marketing e de comunicação mais eficazes**, ou seja, auxilia o entendimento de um problema e orienta sua correta solução.

O comportamento do consumidor revela-se nas atividades físicas, mentais e emocionais realizadas na seleção, compra e uso de produtos e serviços para satisfação de necessidades e desejos. A psicologia permite entender as influências dos fatores psicodinâmicos internos e dos fatores psicossociais externos que atuam sobre o consumidor. Uma vez que a comunicação objetiva conseguir determinada reação do público-alvo selecionado, torna-se essencial entender como o consumidor processa suas escolhas, avalia os produtos e reage a determinados estímulos.

ENTENDENDO O PÚBLICO RECEPTOR DA MENSAGEM

Para servir como base no processo de levantamento de informações a respeito do mercado e seus consumidores, conhecimentos específicos sobre a psicologia do consumidor podem elevar a qualidade das avaliações e, consequentemente, das conclusões.

MODELO DE COMPORTAMENTO DECISÓRIO
PARA O CONSUMO

O comportamento geral de decisão de consumo inicia-se com a percepção da necessidade: estou com fome, a geladeira está vazia. A partir daí, o indivíduo começa a buscar satisfazer essa necessidade por meio de uma avaliação da sua percepção, partindo para a seleção de opções de busca e procura de alternativas para, em seguida, avaliá-las, fazer sua escolha, adquirir e usar o produto.

Após satisfazer sua necessidade, o consumidor pode ter dúvidas se a aquisição foi correta ou não e desencadear um processo de busca pela compreensão e justificativa da compra realizada ou constatação da insatisfação.

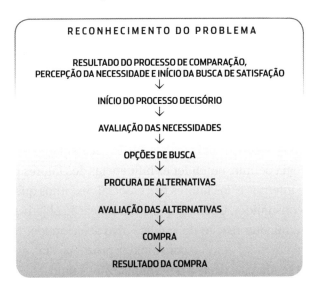

O resultado pode alterar as circunstâncias de tal maneira que se torne um estímulo (positivo ou negativo) futuro. O entendimento de como funciona o processo de escolha, compra e avaliação do produto é extremamente importante ao profissional de planejamento, uma vez que a comunicação deverá prever e oferecer ao público-alvo o caminho para sua escolha e garantir que, dentro desse processo, ele reaja à comunicação com o retorno desejado, seja comprar um produto, participar de uma promoção, seja doar mantimentos a uma campanha social etc.

Outro conhecimento essencial para o planejamento, oferecido pelos estudos da psicologia do consumidor, é entender e conhecer como ele percebe e julga a qualidade de produtos diante das alternativas no momento de sua escolha, ou seja, como o consumidor desenvolve sua percepção de qualidade.

PERCEPÇÃO DE QUALIDADE

Como destacado no início deste trabalho, marketing é uma batalha de percepções, não de produtos. Portanto, entender como o consumidor percebe e registra suas impressões sobre determinados produtos torna-se imprescindível para a correta avaliação das informações sobre as características do público-alvo.

◉ **Aspectos físicos:** para constatar a qualidade de um produto, o consumidor verifica sua aparência pela avaliação de itens como: limpeza, cor, facilidade da disposição e de uso do produto, praticidade da embalagem, facilidade de armazenagem etc.
◉ **Confiabilidade:** a confiabilidade significa a avaliação da confiança do consumidor na marca do produto em relação ao possível cumprimento, ou não, da promessa feita na comunicação e eficiência em sua ação.

- **Interação pessoal:** este item de percepção de qualidade refere-se ao atendimento no momento da compra: a cortesia e prestatividade são elementos que agregam valor ao produto e à empresa. A importância da interação pessoal no ato da compra será abordada mais adiante, na orientação sobre o uso da força de vendas como ferramenta do composto de comunicação.
- **Solução de problemas pós-compra – segurança:** para a formação de percepção de qualidade na hora da compra, informar o consumidor da existência de serviços de suporte pós-compra, além de tranquilizá-lo, acentua a imagem de qualidade e pode ser determinante na escolha dele.

Conhecer os fatores que levam o consumidor a perceber e avaliar a qualidade do produto no momento da escolha orienta a comunicação a propor formas que garantam que seu público--alvo, em sua avaliação preliminar, perceba as características que espera para tomar sua decisão: reagir ou não reagir conforme o desejado em resposta à comunicação.

- A embalagem do produto comunica as características de sua qualidade?
- Há confiança na comunicação/imagem da empresa ou do produto?
- A interação pessoal (garantida pela força de vendas) no ato da compra transmite a segurança desejada pelo cliente?
- A mensagem transmitida ao consumidor no ato da compra está em harmonia com as campanhas e orientação de comunicação do planejamento?
- Dados sobre garantias e assistência técnica estão bem explicados?

Tudo comunica!
Tudo deve ser entendido e planejado!

Após a decisão de compra e uso do produto, o consumidor cria sua própria percepção de valor em relação aos mais variados produtos. Entender como se forma essa percepção na mente do consumidor auxilia a entender as informações de um problema em estudo e, ainda, a decidir sobre questões importantes de cada campanha. Entender como funciona a percepção de valor para o consumidor auxilia o planejamento de campanha a direcionar sua busca.

PERCEPÇÃO DE VALOR PARA O CONSUMIDOR (ALBHRECHT)

Após experimentar um produto ou serviço, o consumidor faz uma avaliação do grau de satisfação de suas necessidades por meio da apreciação dos atributos do item adquirido, que podem ser:

1 **Básicos:** o produto ou serviço atendeu à expectativa básica do consumidor, sem grandes contentamentos ou descontentamentos, tendo oferecido o mínimo esperado. Ex.: restaurante: é limpo, a comida é boa.

2 **Esperados:** o produto oferece atributos além dos básicos indispensáveis, ou seja, os essenciais que o consumidor espera dele. Ex.: restaurante: tem várias opções de pratos e sobremesas.

3 **Desejados:** atributos que o cliente não espera, mas aprecia quando oferecidos. Ex.: restaurante: o cliente pode degustar antes, se quiser.

4 **Inesperados:** os atributos do produto surpreendem as expectativas dos consumidores com benefícios não esperados.

Ex.: restaurante: faz promoções, oferece, vez por outra, refrigerante grátis.

NECESSIDADES E DESEJOS

Conhecer o processo básico de escolha e saber como os consumidores avaliam um produto em relação ao que esperam dele são informações que podem ser complementadas, ainda, pelo conhecimento das necessidades essenciais que levam o consumidor à compra de produtos, serviços e tomada de decisões para satisfazê-las mediante a compra e o uso do produto/serviço/empresa de uma determinada campanha. Abaixo, a pirâmide de Maslow, estudada nas mais variadas profissões que tratam das ciências humanas, oferece uma visão bastante ampla dessas necessidades, comuns a todos os seres humanos.

De baixo para cima, essa pirâmide retrata o desenvolvimento das necessidades humanas. Em sua base, está a necessidade essencial ligada à própria sobrevivência do indivíduo:

Fisiológica – necessidade ligada à fisiologia humana e aos elementos que garantem a sua existência: comer, dormir, beber, urinar etc.

Segurança – em seguida, as necessidades humanas evoluem para a busca de segurança, também ligada à própria sobrevivência. Sentir-se seguro é uma necessidade constante na vida humana: o lugar mais seguro para se abrigar da chuva, o plano de saúde mais seguro para garantir a tranquilidade da família, a moradia mais segura para a família etc.

Afeto – sentir-se querido, receber carinho e amor são, também, necessidades humanas elementares.

Status – aponta para a necessidade de afirmação e prospecção de imagem própria diante da sociedade. Os elementos que geram *status* variam de acordo com o grupo social analisado: o que é *status* para uns pode não ser para outros.

Eu – o topo da pirâmide representa a autorrealização, o que vai além da aparência do *status*. Sentir-se realizado é uma necessidade maior ao fim de uma longa caminhada de luta: trabalho, família, prestígio profissional etc.

Conhecer as necessidades dos seres humanos, e entender como um produto, serviço ou empresa pode ser apresentado como meio de satisfazer cada uma delas, auxilia o planejamento de comunicação a entender os motivos que levam os seres humanos a comprar, tomar atitudes ou criar uma imagem positiva ou negativa de determinado produto para, dessa forma, diagnosticar corretamente um problema e apontar a melhor solução mediante um correto planejamento de ações de comunicação.

O planejamento de comunicação, nos dias atuais, pode e deve utilizar a teoria de Maslow como referência de pesquisa, não como verdade universal. Pesquisadores já demonstraram que as necessidades não evoluem disciplinadamente de um nível para o outro. Exemplo: a necessidade de segurança, em determinados países e momentos históricos, pode tornar-se superior a todas as demais. É preciso analisar o mercado com o qual estamos trabalhando para entender a forma como essas necessidades são percebidas pelo público-alvo.

O público intermediário, citado também como receptor da mensagem, pode ser considerado uma ferramenta de comunicação (como será destacado mais adiante) quando é pertencente ao grupo de vendedores da rede varejista. Esse público receptor irá receber a mensagem, desenvolver sua percepção e transmiti-la ao consumidor final no ato da compra. Por essa razão, o planejamento de comunicação de muitos lançamentos de produtos ao consumidor final inclui uma pré-campanha com materiais especiais de divulgação do lançamento aos vendedores da rede varejista explicando como será a campanha, quais os diferenciais do novo produto em relação aos concorrentes e o que sua venda poderá representar de benefício a cada um da rede varejista.

O terceiro foco: informações do ambiente de marketing

Ambiente de marketing é o ambiente mercadológico em que ocorrem as relações e a comunicação entre o comunicador e o receptor (público-alvo/consumidores). É no ambiente de marketing que ocorrem as batalhas pela escolha, preferência e satisfação dos consumidores.

Para diagnosticar um problema a ser solucionado por uma ação de comunicação é essencial, também, avaliar, analisar e entender os mais variados elementos desse ambiente, além das informações levantadas sobre o comunicador e o público-alvo para entender corretamente o problema e encontrar sua solução.

Como já orientado, vale lembrar que as informações sobre todos os elementos do ambiente de marketing, incluindo comunicador e receptor da mensagem, devem ser constantemente interligadas e comparadas a fim de montar o quebra-cabeça da formulação do problema de uma nova maneira para clarear a sua solução.

Além do comunicador (1) e do receptor (2) da mensagem, é preciso buscar informações novas e verdadeiras sobre outros elementos que compõem o ambiente de marketing, descritos a seguir.

COLABORADORES

Colaboradores são todos aqueles que, no ambiente de trabalho, ajudam a empresa a desempenhar suas operações e a alcançar os objetivos nos seus mercados. São eles:

Intermediários – profissionais interpostos entre os produtores e os consumidores finais: distribuidores, fornecedores, agências, representantes e corretores.

Os distribuidores e revendedores compram mercadorias e depois as revendem. Também chamados de atacadistas em muitos lugares, os distribuidores normalmente compram grandes quantidades de produtos. Agentes e corretores, por sua vez, não compram os bens que vendem, mas recebem uma comissão pela negociação.

Os intermediários são utilizados pelos produtores para vender seus produtos ao consumidor final.

Os fornecedores são grandes responsáveis, também, pela qualidade do produto e respeito aos prazos, uma vez que a produção depende da chegada de matéria-prima. Empresas de marketing e relações públicas e de logística também integram este grande grupo de colaboradores. Seus trabalhos garantem, respectivamente, conhecimento sobre o mercado e a entrega dos produtos.

Os colaboradores podem constituir uma fonte indispensável de informações para o correto entendimento e busca da solução para o problema avaliado. Por estarem, muitas vezes, envolvidos diretamente na ação de venda, produção e distribuição de um produto, podem oferecer informações de perspectivas diferentes daquelas normalmente apresentadas pelos profissionais da empresa ou instituição a ser comunicada. Por meio dos distribuidores podem ser encontradas sólidas razões para um problema específico, por exemplo: determinado produto não é oferecido pelos vendedores por significar dor de cabeça no momento em que o comprador necessita de assistência técnica ou, no ponto-de-venda, o consumidor identifica no produto concorrente alguma vantagem extra para a compra etc.

CONCORRENTES

É preciso conhecer a fundo os concorrentes do comunicador (1), ou seja, as outras opções disponíveis que visam a atender às mesmas necessidades de um mesmo público-alvo. Em primeiro lugar, é preciso entender quem são os concorrentes; somente após a avaliação correta do comunicador e do receptor é que estes podem ser determinados.

Como quase tudo em marketing, para se encontrar os concorrentes de um produto também é preciso, primeiro, avaliar a quais necessidades o produto/serviço pretende atender. Respondida essa questão, para encontrar todos os concorrentes possíveis deve-se responder então: de que maneiras o público-alvo vem atendendo a essa necessidade?

As respostas a essa pergunta podem ser agrupadas de três formas diferentes, segundo os tipos de concorrentes:

Concorrência genérica – vem de outras categorias de produtos e meios de satisfazer à mesma necessidade do consumidor.

A concorrência genérica está sempre presente, haja ou não concorrentes ativos oferecendo o mesmo produto. Por exemplo, a concorrência genérica para empresas de bicicletas pode incluir motocicletas, automóveis, ônibus, trens e mesmo o ato de caminhar e correr.

Concorrência de forma de produto – refere-se a versões específicas do produto que podem concorrer entre si. A concorrência de forma de produto inclui os diversos tipos de produtos; no exemplo das bicicletas, poderiam ser concorrentes os modelos de uma, dez ou vinte marchas.

Concorrência empresarial – refere-se a organizações específicas que oferecem produtos concorrentes, ou seja, os concorrentes diretos: produtos semelhantes oferecidos por diferentes empresas do mercado para satisfazer a uma mesma necessidade.

Para determinar corretamente os concorrentes de um produto, é preciso esforçar-se para compreender o que está, essencialmente, sendo vendido ou, melhor ainda, o que o cliente está comprando e quais opções existem à sua disposição.

É preciso lembrar que o consumidor procura uma utilidade específica e a empresa tem que conhecer todas as maneiras pelas quais o cliente pode alcançar a satisfação almejada. Isso são os seus concorrentes.

Definidos os concorrentes por categorias, sobre os concorrentes diretos (concorrência empresarial), é preciso avaliar: as características gerais dos produtos/serviços ofertados, preço, diferencial comunicado, participação no mercado, opinião do consumidor a respeito do produto/marca/serviço, história, embalagens, distribuição geográfica, perfil dos consumidores atingidos, estratégias utilizadas pelos concorrentes, pontos fortes e pontos fracos, objetivos e estratégias de resposta às ações da concorrência.

É preciso conhecer os concorrentes, saber seus objetivos, entender o posicionamento adotado diante do público-alvo, avaliar a percepção de qualidade dos produtos concorrentes em relação aos seus e o posicionamento de mercado de cada um: o melhor, o mais barato, o mais bonito etc.

Como encontrar os concorrentes? Procurando-os em jornais e revistas, matérias e anúncios das empresas, avaliando-os para entender seus objetivos. Por exemplo, os concorrentes estão buscando lucratividade imediata ou elevar a participação no mercado? Estão interessados em um novo público-alvo? Têm feito lançamentos? Qual diferencial é enfocado na comunicação (ex.: "lava mais branco", lava mais rápido, é mais macio, é bonito, custa barato, é caro mas tem qualidade etc.)? A qual necessidade dos consumidores pretendem atender? Como motivam seu público-alvo? Em que são superiores? Como eles deverão reagir se elevarmos o preço?

O quarto foco: informações do macroambiente

O macroambiente é onde as empresas atuam, é o grande mercado nacional e internacional. Para entender sua importância, basta lembrar a influência que as alterações na economia mundial ou de um país exercem sobre os hábitos de consumo, o poder aquisitivo e as necessidades da população. O macroambiente representa uma imensa fonte de oportunidades e riscos para as empresas e seus produtos. É imprescindível estar atento às suas mudanças e tendências mais importantes.

TENDÊNCIAS DEMOGRÁFICAS

Tendências demográficas têm como principal benefício sua previsibilidade. É comum ouvirmos, hoje em dia, que a população de idosos está crescendo, uma vez que a expectativa de vida cresceu consideravelmente nos últimos dez anos com os avanços da medicina e os cuidados com a alimentação e exercícios físicos. Levar em conta a composição étnica da população é, também, avaliar as tendências do macroambiente. Em seu livro *Marketing para o século XXI*, Kotler exemplifica essa questão com a perspectiva do mercado norte-americano, que aponta que os indivíduos brancos (não-hispânicos) se tornarão minoria em 2050. A população afro-americana deverá passar de 32 milhões (em 1992) para 62 milhões em 2050; no mesmo período, a população hispânica deverá crescer de 24 milhões para 88 milhões. Diversas empresas já estão fazendo investimentos com base nessa forte tendência para garantir seus mercados futuros.

Outras questões demográficas, tais como migrações, quantidade de nascimentos entre populações femininas e masculinas, apontam certeiramente como será o mercado de consumo no futuro e indicam caminhos para serem trilhados nos dias atuais.

TENDÊNCIAS ECONÔMICAS

Dados de economia apontam a potencialidade de consumo de um país. Não basta prever como será composta uma população, é preciso avaliar as tendências econômicas que indicarão a potencialidade de consumo dessa população. Tendências econômicas podem orientar caminhos para a criação de produtos mais baratos e o investimento em campanhas de comunicação e promoção de imagem de produtos com preços acessíveis, quando a tendência aponta para um processo recessivo, ou para a criação de produtos diferenciados, se a tendência é de crescimento econômico e aumento da renda média da população como um todo.

Tendências econômicas podem indicar, também, polarização da renda com a diminuição da classe média, o que pode levar empresas a um posicionamento de marketing e comunicação nas extremidades crescentes da população.

TENDÊNCIAS DE ESTILO DE VIDA

Estilo de vida está relacionado não exatamente a renda, mas a atividades e preferências. Duas pessoas que tenham a mesma renda podem ter estilos de vida extremamente diferentes: uma mais consumista e de vida social intensa, outra mais econômica e caseira.

Empresas de pesquisas investigam periodicamente os hábitos da população a fim de detectar mudanças no perfil de consumo, lazer e comportamento de forma geral e identificar novos hábitos de consumo e novas necessidades. Por exemplo, com o aumento do número de divórcios, um novo perfil de consumidor chegou ao mercado: o homem maduro que, morando sozinho, passou a frequentar supermercados, solicitar serviços *delivery* e conveniências, tais como lavanderias, apartamentos com serviços de arrumação, alimentos congelados etc. No mercado de entretenimento, essa alteração em nossa sociedade gerou, por exemplo, o crescimento de serviços dirigidos aos pais que, em seus finais de semana com os filhos, procuram lazer diferenciado com segurança e conforto, como: banheiros familiares para que o pai possa acompanhar as filhas sem constrangimentos, fraldários com assistência etc.

TENDÊNCIAS TECNOLÓGICAS

Atualmente, nada muda mais rápido do que a tecnologia. Mudanças tecnológicas significam, em muitos casos, total alteração nos mercados de consumo. Por exemplo: a chegada do CD, substituindo o LP, e agora os aparelhos de MP3. Acompanhar as tendências tecnológicas é, de certa forma, acompanhar também as tendências de estilo de vida. Modernos computadores e a internet criaram novos hábitos de estudo, lazer e convivência social.

A comunicação de produtos eletroeletrônicos exige total atenção à concorrência, pois um produto comunicado como o mais avançado pode ser ultrapassado logo em seguida por um concorrente.

TENDÊNCIAS E POLÍTICAS DE REGULAMENTAÇÃO

Alguns mercados necessitam monitorar o desenvolvimento de políticas, leis e normas que podem alterar e até mesmo comprometer a sobrevivência de uma empresa. No mercado de medicamentos, por exemplo, além das leis que regulamentam a própria produção, como a proibição de alguns componentes de fórmulas, há também as leis que regulamentam a comunicação do setor.

Organizando os quatro focos: a solução do problema

Pela avaliação de todas as informações, será possível entender o problema? Sim.

Entender o problema é perceber o que o ocasiona: por que determinado produto não vende? Como vender uma linha jovem de uma empresa que tradicionalmente faz camisas para idosos? O que pensam seus consumidores sobre a empresa? Por que não há envolvimento do público com determinada causa social?

Entendido o problema que deve ser resolvido para atingir as metas da empresa, é preciso, então, determinar qual deverá ser o objetivo da campanha.

EXERCÍCIOS

1 Escolha um produto anunciado recentemente na mídia. Liste e analise as informações necessárias para a realização do planejamento de comunicação que originou o anúncio: informações sobre os receptores da mensagem, diferencial escolhido, preço, concorrentes etc.

2 Sobre o produto escolhido na questão anterior, encontre a definição do possível problema a ser solucionado pela comunicação escolhida.

3 Escolha um produto e avalie as suas percepções de qualidade a respeito dos aspectos: físicos, confiabilidade, interação pessoal e solução de problema pós-compra (caso tenha existido).

4 Cite três produtos diferentes e identifique qual necessidade humana cada um deles afirma ser capaz de atender em sua comunicação.

4 ESTABELECER OS OBJETIVOS DA COMUNICAÇÃO

LEVANTADAS AS INFORMAÇÕES, avaliados os elementos do modelo de comunicação e entendido o problema que está sendo trabalhado, é preciso determinar como ele deverá ser solucionado.

Solucionar um problema por meio da comunicação é, em primeiro lugar, definir claramente o público-alvo escolhido como o mais adequado a responder positivamente ao estímulo da comunicação e elevar as chances de se obter o retorno desejado. Nessa etapa é preciso apontar qual deve ser o objetivo da comunicação para se atingir o objetivo de mercado da empresa. Por exemplo: para elevar as vendas de determinado produto em x% (objetivo de mercado), será preciso "rejuvenescer" a marca da empresa, atingindo o público jovem, ainda não trabalhado até então. Caberá ao planejamento de campanha entender o problema e determinar o objetivo da comunicação. Assim, o marketing estabelece os objetivos de mercado para determinada empresa/produto e o planejamento de campanha deve estabelecer os objetivos da comunicação. Por exemplo:

Uma fabricante de calças *jeans* tem como objetivo de mercado expandir em 20% suas vendas mediante o lançamento de um produto destinado às classes A e B. Para atingir esse objetivo de mercado, o que deve ser estabelecido como objetivo que orientará o planejamento de comunicação integrada?

Após a análise das informações de mercado, um dos seguintes objetivos de comunicação pode ser determinado:

⊙ É preciso que a comunicação destaque a qualidade do produto.
⊙ A campanha deve objetivar modificar a percepção que o público-alvo tem da marca, destacando a nova modelagem e as novas cores.
⊙ A comunicação deve vencer o preconceito que o público pode ter em relação à marca atualmente.
⊙ A nova marca precisa tornar-se conhecida do público-alvo.

Os objetivos podem ser os mais variados e representam o caminho para a solução do problema da empresa e, muitas vezes, apontam a primeira orientação para o item (3) do modelo de comunicação, a mensagem.

EXERCÍCIO

Cite dois objetivos de comunicação possíveis para os seguintes objetivos de mercado:

○ Lançar um barbeador revolucionário, que "arranca" os pelos do rosto do homem sem usar as tradicionais lâminas de barbear.
Vantagens: evita cortes na pele e a irritação característica causada pelas lâminas.
Desvantagens: trata-se de um método um pouco mais dolorido.
○ Elevar o número de famílias presentes nos estádios de futebol.

5 DEFINIR A MENSAGEM
E A ESTRATÉGIA (CAMINHO) DA COMUNICAÇÃO

DEFINIR A MENSAGEM que deve ser transmitida e a estratégia de comunicação é uma das tarefas que fundamentam o planejamento de comunicação. A fim de garantir o retorno desejado em uma campanha e otimizar os mercados, o planejamento deve propor o caminho a ser trilhado para que a comunicação atinja o seu público-alvo ideal e obtenha o retorno desejado, seja ele vender mais, associar uma marca a juventude, destacar determinada característica de um produto, aproximar uma empresa da comunidade como um todo, "vender" uma ideia, ganhar a simpatia do público para uma causa social, estimular atitudes positivas na população etc.

Para entender como funciona cada etapa estudada do planejamento dentro da estratégia a ser definida, é preciso analisar, novamente, o modelo de comunicação e seguir a sequência da avaliação e estudo de seus elementos.

Após entender o problema e definir os objetivos da campanha nas etapas anteriores, o planejamento de comunicação levanta, avalia e compara todas as informações possíveis entre os elementos 1 (comunicador) e 2 (público-alvo) e junta a estas as informações do ambiente de marketing (concorrentes, colaboradores etc.) e do macroambiente (tendências). É isso que possibilita o entendimento do problema e a sua solução mediante a comunicação com o estabelecimento do objetivo para a campanha. Agora, o planejamento deverá determinar o caminho correto para esses objetivos serem atingidos, definindo o foco (apelo) da mensagem da campanha, o que deve ser dito (3) e as ferramentas de comunicação que devem ser utilizadas (4), sempre avaliando como esta comunicação atual será solidificada ao longo do tempo e como poderá influenciar os aspectos de longevidade da empresa e quais os meios de comunicação ideais para a mensagem atingir o seu público-alvo.

EXERCÍCIOS

1 Escolha dois anúncios de produtos concorrentes e avalie a estratégia de comunicação de cada um, conforme os elementos do modelo de comunicação.

2 Suponha o lançamento mundial simultâneo de um livro *best seller* para o público jovem sobre as projeções e cenários do mundo em 2050. "Prepare-se enquanto é tempo" é

sua mensagem principal. Com base na informação defendida por especialistas de que os jovens têm características globais semelhantes, proponha, no modelo de comunicação, uma estratégia para cumprir com o seguinte objetivo: promover as vendas do livro em lojas especializadas locais e *on-line*.

6 DEFINIR A MENSAGEM

PARA DEFINIR CORRETAMENTE A MENSAGEM de uma determinada comunicação é preciso entender o problema e, essencialmente, conhecer a fundo as necessidades, os desejos e as expectativas dos potenciais clientes em relação ao que deverá ser comunicado, seja produto, seja serviço, marca, ideia. Por exemplo, ao descobrir que um tipo de produto é ideal para suprir a necessidade de *status* de determinado perfil de consumidor, uma campanha pode ter sua mensagem direcionada a comunicar que o produto atende a essa necessidade fazendo uso dos elementos criativos que comuniquem essa informação. Exemplos de orientação de mensagem:

- Destacar que o produto tem o melhor preço.
- Informar que a empresa cuida do meio ambiente.
- Enfatizar a qualidade do produto.
- Comunicar certo diferencial do produto: "lava mais branco", é saudável, tem menos calorias, é mais crocante, mais fresquinho etc.
- Elevar a lembrança de marca.
- Estimular experimentação.
- Despertar o desejo de consumir.

Entendendo as necessidades de cada perfil de cliente, as campanhas têm suas mensagens, diretas ou indiretas, dirigidas de modo a posicionar corretamente produtos ou empresas no mercado. Exemplificando: de forma geral, produtos e serviços direcionados ao público jovem associam suas marcas a emoção e aventura, sensações buscadas por esse perfil de consumidor. A Coca-cola não demonstra em sua comunicação atender à necessidade fisiológica de "matar a sede", como fazem os isotônicos, mas comunica a mensagem: "Emoção para valer".

É comum pensar, também, que uma mensagem essencial para toda comunicação é posicionar o produto como o melhor, porém, em uma campanha na qual o público-alvo apresente como necessidade encontrar o melhor preço, essa mensagem pode não ser válida. A tradicional loja de móveis e eletrodomésticos Casas Bahia, por exemplo, tem como foco de sua comunicação a mensagem de bons preços e facilidade de pagamento que oferece, e esse é o principal diferencial da empresa.

A mensagem deve dizer, obrigatoriamente, aquilo que o público-alvo coloca como característica essencial para atender a uma necessidade e, portanto, deve ser capaz de estimular o retorno desejado à comunicação. Definir o apelo da mensagem é encontrar o conceito de comunicação, ou seja, o estabelecimento de tudo o que a comunicação deverá transmitir ao seu público-alvo, é encontrar a mensagem principal que deve ser transmitida para garantir o retorno desejado da campanha, seja ele qual for: vender mais, divulgar uma ideia etc. O conceito de comunicação integrada, por sua vez, envolve estabelecer a diretriz que orientará tanto a definição das ferramentas de comunicação a serem utilizadas quanto o trabalho de criação de peças e, ainda mais, a periodicidade de veiculação e o desenvolvimento da comunicação de longo prazo com base nos objetivos de marketing da empresa e suas perspectivas de crescimento e conquista de mercado. Portanto, este conceito envolve orientar:

- ⊙ **Apelo** – qual deve ser o apelo da mensagem transmitida: a promessa central (racional ou emocional), o fator determinado como o mais importante para levar o público-alvo a decidir tomar a atitude esperada pela campanha (experimentar um produto, comprar, escolher mudar de atitude, gravar a imagem da marca etc.).

- Razões – englobam a justificativa do apelo da mensagem, as razões que vão dar credibilidade à promessa central (ex.: deixa a roupa mais macia porque contém cápsulas de silicone).
- Personalidade do comunicador/marca – os diferenciais do comunicador da mensagem, que normalmente significarão uma palavra a ser associada a ele.

Quanto à orientação para a mensagem, vale lembrar que o posicionamento estratégico deve respeitar a 6ª lei do marketing descrita por Al Ries e Jack Trout (1993): a lei da exclusividade – duas empresas não podem representar a mesma palavra na mente do consumidor.

Depois que uma marca assegurou para si certo conceito, outra marca não poderá ocupar o mesmo lugar. Um bom exemplo disso é a batalha no mercado de pilhas, em que o conceito de "durar mais" foi, em primeiro lugar, estabilizado pela Duracell – que apresenta esse apelo desde o seu nome. Mesmo com o esforço de outras marcas para ocupar esse espaço – a Energizer, por exemplo, com os coelhinhos batendo tambores –, esse conceito pertence à Duracell. Nesse caso, o planejamento de comunicação deve encontrar outro apelo, também importante para o consumidor, a ser definido como estratégia de comunicação. Um exemplo: adotar sistemas de troca de pilhas usadas na recompra para reciclagem e posicionar-se como uma marca de qualidade que respeita o meio ambiente.

Na hora da determinação da mensagem e da orientação para a sua criação, o conhecimento dos estudos do comportamento e psicologia do consumidor oferece sólida orientação para motivar a ação, estimular o desejo e persuadir o público-alvo.

Psicologia do consumidor na escolha e apresentação da mensagem

EMOCIONAR PARA PERSUADIR

Motivação e comportamento motivado são, frequentemente, acompanhados de emoção e sentimentos de alegria, ansiedade, insegurança ou medo. A comunicação mediante anúncios, ações de relações públicas ou mesmo a comunicação dirigida é capaz de provocar emoções que disparam estímulos positivos ou negativos. Segundo Plutichick, as emoções básicas dos seres humanos são: medo, raiva, alegria, tristeza, aceitação, nojo, expectativa e surpresa. Essas emoções podem trazer benefícios vinculados ao produto ou à marca e, dessa forma, tornar-se razões para consumo: refrigerantes que alegram, presentes que emocionam, qualidade que surpreende, brinquedos que os meninos adoram e despertam nojo nas meninas etc.

Outra orientação da psicologia do consumidor na determinação da mensagem é utilizar as formas de identificação e projeção. Identificar é reconhecer como idêntico, como similar; é reconhecer-se a partir de uma similaridade percebida: "Temos alguma coisa em comum". E projetar é transferir: projetar elementos próprios para outra pessoa ou objeto, querer tornar-se igual, assimilar-se. Identificação e projeção permitem compreender alguns movimentos psíquicos para o consumo e ver a motivação que, a partir da imagem que o indivíduo construiu para si por identificação ou projeção, o faz se sentir estimulado a comprar ou usar produtos que, por sua vez, ele identifica como congruentes com essa imagem. Por esse motivo, a comunicação planejada tende a buscar elementos de semelhança com o público-alvo demonstrando identificação para depois projetar realizações e estimular desejos com o consumo de produtos, serviços ou atitudes.

"Fique linda como esta ou aquela modelo famosa" é um tipo de mensagem, muitas vezes indireta, que demonstra o poder do uso da identificação e projeção na apresentação da comunicação para persuadir o público-alvo a agir de determinada forma como o resultado desejado em um planejamento de comunicação. Definir o conceito a ser transmitido na comunicação é uma decisão estratégica, e a melhor maneira de fazê-lo é aplicar as mais variadas técnicas de criação, como uma decisão tática que pode ser determinada, também, desde o processo de planejamento.

Seguindo o raciocínio estratégico, após a definição do conceito de comunicação, o planejamento deve propor as ferramentas mais adequadas para a busca do retorno desejado. Se, como apelo principal, foi definido que a comunicação de uma empresa terá por objetivo demonstrar que ela atua de forma responsável e comprometida com causas sociais em determinada comunidade, essa imagem pode ser transmitida pela ferramenta propaganda (ideal para propagar idéias), mas será mais bem aceita e memorizada se for justificada com a comunicação simultânea de uma ação de relações públicas capaz de gerar notícias sobre atividades efetivas da empresa nesse setor. Nesse caso, a integração dessas ferramentas torna a mensagem muito mais forte do que se fosse divulgada por meio de anúncios.

Por essa razão, depois de definidos o objetivo da comunicação e o conceito a ser transmitido, é preciso determinar o caminho estratégico para atingir seu público-alvo: quais ferramentas de comunicação são mais apropriadas para transmitir a mensagem e garantir o retorno desejado.

EXERCÍCIOS

1 Selecione dois anúncios de produtos concorrentes e defina, em cada um deles:
- Apelo
- Razões que justificam o apelo da mensagem
- Personalidade – diferenciais do comunicador

2 Conforme a lei da exclusividade, quais produtos as palavras abaixo representam na mente do consumidor?
- Pilha que dura
- Emoção para valer
- Lava mais branco
- Desce redondo
- A número um

3 Em revistas, encontre anúncios que busquem identificação com seu público-alvo e projeção.

4 Uma loja de enxoval para bebê necessita vender o estoque de produtos e informar e atrair consumidores para conhecerem uma novidade: a venda de roupas para gestantes. Qual a sua orientação de apelo para a mensagem da campanha?

7 DEFINIR OS CANAIS/ FERRAMENTAS DE COMUNICAÇÃO

A ESCOLHA ESTRATÉGICA E TÁTICA das ferramentas de comunicação representa o maior desafio do planejamento de comunicação desta nova era. Profissionais capazes de atuar com uma ampla visão do "tabuleiro", conhecendo bem as possibilidades de movimento de cada peça e os possíveis resultados a serem obtidos — e com habilidade para traçar a estratégia correta para a conquista dos resultados desejados — são aqueles que verdadeiramente podem realizar a integração da comunicação.

> "Entendemos que a tão desejada integração das múltiplas ferramentas de comunicação, para ser colocada em prática com eficácia, especialmente em tempos de explosiva fragmentação das mídias e multiplicação dos pontos de contato entre marcas e consumidores, depende fundamentalmente de pessoas. São as pessoas que fazem a Comunicação Integrada acontecer. É do capital humano que dependem as ideias criativas, o pensamento estratégico, a execução dos trabalhos, a liderança de pessoas e de processos, o movimento das marcas."
>
> Trecho da tese da Comissão de Comunicação Integrada, presidida por EDUARDO FISHER, chairman do grupo Totalcom, no IV Congresso Brasileiro de Publicidade, em julho de 2008, que discutiu importantes questões sobre o futuro da indústria da comunicação no Brasil.

Dentro do chamado marketing mix, as ferramentas de comunicação são os elementos que compõem um dos 4 Pês de Mc Carthy, a **Promoção**, ou os 4 Cês de Robert Lauterborn, a **comunicação integrada**. Esse grande item compreende as ferramentas do composto de comunicação que fazem uma mensagem chegar ao público-alvo. São as peças que devem ser utilizadas de forma integrada em um planejamento de comunicação. Essas ferramentas estão divididas em três grupos:

◉ Ferramentas principais – o composto de comunicação
- Propaganda
- Promoção de vendas/merchandising
- Relações públicas e publicidade
- Marketing direto
- Força de vendas

◉ Ferramentas complementares
- Product placement (PP)
- Ações cooperadas com o *trade*
- Folhetos/catálogos

◉ Ferramentas inovadoras
- Buzzmarketing
- Marketing viral
- Propaganda no lazer/advertainment

Cada uma tem características que devem ser analisadas com base nos objetivos a serem atingidos, no perfil do público-alvo, no que está sendo comunicado e no conceito de comunicação definido com a mensagem principal da campanha.

Apesar de parecer que todas são formas de comunicação e que podem ser utilizadas de maneira espontânea, cada uma delas desempenha um papel fundamental e deve ser aplicada para atingir objetivos bastante específicos. Neste ponto, vale lembrar o pequeno exercício de fixar o parafuso em uma esfera de isopor utilizando um martelo como ferramenta. Mesmo que o golpe do martelo não quebre a esfera, fixando o parafuso dessa forma, a força e o uso da ferramenta não seriam necessários, pois o parafuso ficaria muito mais firme se fosse suavemente rosqueado com as mãos. Ou seja, utilizou-se uma ferramenta desnecessária, aplicando sobre a esfera uma força dispensável e correndo o risco de não atingir o objetivo inicial.

Em um planejamento de comunicação é assim: sem uma análise correta, mesmo que o erro na escolha da ferramenta utilizada não leve à quebra da esfera, isso pode significar desperdício de força (verba) ou insatisfação com o resultado da má fixação do parafuso (retorno insatisfatório). Portanto, entender o problema, avaliá-lo de forma integrada com o planejamento de marketing e determinar qual a melhor ferramenta a ser utilizada é, sem dúvida, elaborar um planejamento eficiente capaz de otimizar o retorno esperado em uma ação de comunicação.

Ferramentas principais

PROPAGANDA

Propaganda é a ferramenta mais conhecida da comunicação e é, muitas vezes, utilizada como sinônimo de comunicação de empresas e produtos. Porém, é uma das possibilidades de ferramentas para se atingir determinado público-alvo. É considerada a mais poderosa delas para promover a conscientização das pessoas sobre uma empresa, um produto ou uma ideia.

A propaganda compreende a comunicação de uma mensagem paga que é realizada pela compra de espaços em veículos de comunicação para a divulgação de anúncios – em jornais, revistas, TV, rádio, internet, programação visual, encartes em embalagens, cinema, brochuras e panfletos, pôsteres e cartazes, catálogos telefônicos, reprodução de anúncios, *outdoors*, sinalização, *displays* em pontos-de-venda, material audiovisual, símbolos, logos e videoteipes.

A palavra "propaganda" foi traduzida pelo papa Clemente do latim *propagare*, que deriva de *pangere*, que quer dizer "enterrar", "mergulhar", "plantar". Dessa forma, foi aplicada para determinar a propagação da doutrina religiosa. Essa explicação da palavra "propaganda" já faz lembrar sua finalidade maior como ferramenta de comunicação: propagar uma ideia, um conceito, um uso para um produto e tudo o mais que esteja associado a inserir (enterrar) na mente do público-alvo uma mensagem, uma ideia, um nome ou uma imagem a ser associada a determinado produto, serviço ou empresa ("Tostines é fresquinho porque vende mais ou vende mais porque é fresquinho?").

A seguir, uma lista de alguns objetivos de comunicação que orientam a escolha da propaganda como ferramenta ideal:

- Implantar uma ideia.
- Tornar conhecido um produto.
- Estimular desejo, conscientização ou ação.
- Criar prestígio ao anunciante.
- Fornecer informações.
- Desenvolver atitudes.
- Provocar ações benéficas para os anunciantes, geralmente para vender produtos ou serviços.

Outra forte característica da propaganda como ferramenta de comunicação é a sua capacidade de estimular desejos e desenvolver atitudes. Para isso ela deve ser persuasiva. A propaganda é um meio de persuasão, capaz de estimular o retorno desejado e motivar o público-alvo à ação esperada fazendo uso dos mais variados recursos. Porém, para atingir esses objetivos a propaganda deve ter algumas características que garantirão a sua eficiência publicitária. Segundo Vera Aldrighi, vice-presidente da Lintas Publicidade, em primeiro lugar, a peça deve "ser capaz de captar a atenção do consumidor" (in: Ribeiro *et al.*, 1989). Esse atributo pode ser chamado de "impacto". Essa qualidade eleva a chance de o público-alvo lembrar da mensagem e reconhecer seus elementos mais fortes.

A segunda característica é a **atratividade**, capaz de manter a atenção do público-alvo, garantindo que ele receberá a mensagem por inteiro – seja na TV, mantendo sua atenção até o final do comercial; em um anúncio impresso, lendo-o até o fim; ou no rádio, ouvindo-o integralmente. Além dessas características, é preciso, também, que a propaganda tenha **durabilidade**, ou seja, que continue agradável no decorrer das repetições programadas da campanha, despertando o prazer em ser vista. Por fim, para garantir a reação desejada, todo conteúdo persuasivo necessita de **credibilidade**. Para isso, a mensagem deve coincidir com o conhecimento e as experiências que o público-alvo tem sobre os elementos da comunicação.

Quanto à mensagem, uma boa propaganda deve ter:

- **Clareza** – garante que o público-alvo compreenda corretamente a mensagem, suas ideias e impressões. Ou seja, é a característica que faz que a mensagem tenha seu significado corretamente entendido.
- **Relevância** – garante que a mensagem transmitida seja interpretada como relevante pelo público-alvo para que, dessa forma, ele reaja positivamente ao estímulo da propaganda, garantindo o retorno desejado.

Algo indispensável de ser lembrado sobre a propaganda é que essas características podem ser mais bem avaliadas quando o alvo é restrito, quando o público-alvo está bem definido e segmentado, tendo sido amplamente estudado na fase de planejamento, e a orientação para o conceito de comunicação inclua o perfil principal e suas necessidades e desejos a serem atendidos com a mensagem.

PROMOÇÃO DE VENDAS E MERCHANDISING

A maioria das propagandas não gera vendas rapidamente. A propaganda trabalha mais com a mente das pessoas, com seus comportamentos e suas atitudes, despertando desejos, implantando ideias e conceitos.

João De Simoni, especialista em promoção de vendas, define algumas diferenças elementares entre esta e a propaganda.

Tanto uma quanto a outra descendem de uma mesma árvore genealógica, filhas do marketing e da economia de mercado, mas cada uma tem sua função específica e ambas podem ser utilizadas como aliadas em uma campanha. E são seus diferentes enfoques e apelos que melhor demonstram suas forças, juntas ou separadamente.

- A propaganda é mais temática; a promoção, esquemática.
- A propaganda está mais para substantivos; a promoção, para adjetivos.
- A propaganda é guerra aberta, declarada; a promoção é mais guerrilha.
- A propaganda é a alma do negócio; a promoção, a arma.
- A propaganda conscientiza; a promoção ativa.
- A propaganda está mais próxima do mundo das comunicações; a promoção, das vendas.
- A propaganda visa a levar o comprador ao produto; a promoção leva o produto ao comprador.
- A propaganda lustra, dá verniz ao produto; a promoção dá a graxa.

PROPAGANDA + PROMOÇÃO → QUANDO 1 + 1 = 5
Quando são utilizadas em harmonia em um planejamento, essas duas ferramentas juntas multiplicam resultados. Por exemplo, quando uma propaganda comunica um produto, estimula

o desejo e, ainda, divulga uma redução de 10% no preço, o retorno pode ser multiplicado por dois ou três, segundo dados do Instituto de Pesquisa Nielsen.

Gerar vendas é trabalho para a ferramenta **promoção de vendas**. Walter Longo define a promoção de vendas como um esforço de comunicação de marketing utilizado em períodos de tempo determinados em canais de revenda e consumidores com o objetivo de acelerar as vendas, incrementando o volume total consumido ou antecipando o consumo futuro. É a solução estratégica ideal para atingir metas de curto e médio prazos em resposta a uma situação vivida em determinado momento por uma empresa com um único objetivo: **vender**.

Objetivos que orientam o uso da promoção de vendas aos consumidores em um planejamento de comunicação:

- Criar atrativo.
- Alavancar vendas rapidamente.
- Estimular experimentação de um novo produto.
- Lançar um produto em um mercado altamente competitivo.
- Diferenciar, momentaneamente, produtos similares.
- Elevar vendas de produtos de baixa participação sem muito gasto.
- Adicionar estímulo momentâneo à venda.

COMO FUNCIONA A PROMOÇÃO DE VENDAS

A promoção de vendas consiste em estimular a compra mediante a criação de incentivos por meio do oferecimento de um benefício extra por um período limitado de tempo. A promoção de vendas pode ocorrer para os intermediários – quando as fábricas organizam benefícios para os distribuidores adquirirem grandes quantidades em períodos de tempo determinados – ou para os consumidores finais.

Tipos de promoção de vendas:

- **Promoção de retorno imediato** – oferece um benefício imediato ao consumidor. Normalmente, as promoções deste tipo são mais efetivas porque estimulam o impulso de compra, encorajam compras adicionais e não exigem nenhum esforço nem oferecem riscos ao consumidor para receber o benefício ofertado.
Exemplo: Pague 1 leve 2.

- **Promoção de efeito retardado** – envolve retornos e premiações que são adiados pela necessidade de o consumidor comprovar a compra com a remessa de rótulos ou embalagens do produto. As promoções desse tipo podem ser menos eficientes, pois requerem a participação do consumidor, que nem sempre está disposto a atender às suas exigências.

Principais técnicas de promoção de vendas:

- **Descontos e reduções de preços** – exploram o desejo, próprio da natureza humana, de ganhar algo mais em uma negociação.
- **Agrupamento de produto** – Leve 3 pague 2/Dúzia de 15 unidades.
- *Premium* – adiciona outro produto à compra (*gift-pack*), colocado no interior da embalagem (*in-pack* ou *on-pack*) ou com cinta promocional (um + outro). Ou pode-se solicitar o somatório de embalagens para a retirada do prêmio.
- **Cuponagem** – distribuição de certificados ao consumidor por mala-direta, encartados em jornais e revistas ou aplicados na própria embalagem do produto. Atrai o comprador pelo desconto ou abatimento que é oferecido imediatamente após a compra do produto ou resgatado depois.

- **Premiações** – criadas em torno dos benefícios percebidos da marca, pois quanto mais forte for a ligação entre a motivação associada com o produto/serviço e a promoção, mais fácil será reforçar no consumidor uma atitude de marca positiva.
- **Concurso** – exige alguma habilidade, qualificação ou predicado dos seus participantes, ao passo que o sorteio baseia--se fundamentalmente no fator sorte. Vinculado ou não à compra de um produto, o concurso pede dos participantes a resposta a uma pergunta, a sugestão de um nome, a criação de um *jingle* ou *slogan*, o envio de uma foto, o desenvolvimento de uma redação ou dissertação.
- **Sorteio** – o participante compete isoladamente com a sorte. Os sorteios têm elementos de grande importância na credibilidade, que pode ser conquistada por meio de apurações que tenham cobertura da TV ou sejam feitas em programas de auditório, comandadas por apresentadores. Atenção à regulamentação.
- **Degustação, demonstração e amostras** – ideal quando o melhor argumento para vender o produto é o próprio produto. Quanto mais o consumidor conhecê-lo, maior a possibilidade de compra.

Antes de planejar corretamente uma ação de promoção de vendas, vale lembrar os seus dez mandamentos, definidos por João De Simoni:

1 NÃO TENTAR EXECUTAR AQUILO QUE OUTROS COMPONENTES DO MARKETING PODEM FAZER MELHOR
Este primeiro mandamento trata, exatamente, do tema deste trabalho: planejamento. Cada ferramenta de comu-

nicação tem a sua função e a promoção de vendas deve ser utilizada quando os objetivos da comunicação orientam e justificam seu uso. De forma geral, a promoção de vendas deve ser aplicada quando há algum problema na rotina natural das vendas e deve atacar focos específicos de resistência, por um período de tempo limitado.

2 SER A MELHOR ALTERNATIVA PARA ATINGIR OS OBJETIVOS
Este mandamento complementa o anterior e trata também do planejamento e da escolha das ferramentas de comunicação. Não usar a promoção de vendas para cumprir objetivos que possam ser atingidos de forma melhor por outras ferramentas não é tudo. É preciso utilizá-la quando ela se mostra a melhor alternativa entre todas as demais.

3 OBTER O MÁXIMO EFEITO PELO MENOR CUSTO
Este mandamento vale, também, para todo o planejamento, pois o seu objetivo maior é otimizar resultados mercadológicos e orientar para a melhor opção em comunicação, buscando garantir o máximo retorno ao investimento realizado.

4 ESTAR DE ACORDO COM OS PADRÕES DE COMPORTAMENTO PARA OS QUAIS É DESTINADA E DE ACORDO COM A IMAGEM DA MARCA
Após optar pela ferramenta promoção de vendas, é preciso que a sua mecânica e o benefício oferecido sejam definidos em harmonia com as informações obtidas sobre o público-alvo, suas necessidades e ainda com a imagem que a empresa deve transmitir. Por exemplo, para estimular a experimentação de um novo leite em pó para bebês, cujo planejamento apontou a necessidade de di-

vulgar a ideia de um produto de qualidade recomendada por pediatras, uma promoção pode estimular a experimentação e, ao mesmo tempo, reforçar essa imagem criando uma mecânica que adicione ao produto um brinde que reforce esse conceito, como a edição especial e personalizada de um livro de bolso com orientações para as mães, escrito por um pediatra reconhecido.

5 ATRAIR A ATENÇÃO E PROVOCAR AÇÃO DE ACEITAÇÃO
Em todos os cantos encontram-se promoções fracassadas, que não conseguiram atrair a atenção nem despertar o desejo dos consumidores. Tanto o planejamento quanto a comunicação da promoção devem objetivar provocar, de imediato, a reação de aceitação e compra por parte do público-alvo.

6 SER SIMPLES, CLARA E FÁCIL DE ENTENDER
Ser simples é ser eficiente, objetivo. A promoção deve ter uma mecânica fácil de ser entendida e explicada. Normalmente, o foco da comunicação de uma promoção é atrair o consumidor para o benefício que está sendo oferecido. O esforço de divulgação explícita das qualidades do produto, como vimos, é mais um atributo da propaganda.

7 UTILIZAR TANTO APELOS EMOCIONAIS QUANTO RACIONAIS
Nem todos os apelos da promoção de vendas precisam ser racionais; orientar a mensagem para envolver emocionalmente o público-alvo a participar de uma promoção pode render um ótimo retorno.

8 SER ÚNICA, SINGULAR E EXCLUSIVA
Nos dias atuais este é um dos mais difíceis mandamentos da promoção de vendas. Por razões óbvias, toda campa-

nha almeja e deve buscar a originalidade, mas, com o crescente uso de ações promocionais pelos mais diversos perfis de empresas e produtos, está cada dia mais difícil ser original. Por exemplo, como oferecer um atrativo incomum e eficiente em uma promoção de celular para o Dia dos Pais? Buscar a originalidade é uma forma de caracterizar a promoção, seu estilo e agregar valor a uma marca/empresa/produto.

9 SER HONESTA, EVIDENTEMENTE HONESTA
Honestidade não aceita meio-termo, ou é ou não é. Para ter sucesso, uma promoção de vendas deve transmitir credibilidade ao público-alvo. Os prêmios devem ser expostos, o regulamento tem de ser publicado e o término da promoção deve ser divulgado, incluindo o nome dos ganhadores. Tudo isso reforça mais ainda a credibilidade para promoções futuras e para a própria empresa.

10 SER SUFICIENTEMENTE DESEJADA POR TODOS DE QUEM SEU SUCESSO DEPENDA
Este mandamento pede mobilização e apoio total da equipe de funcionários da empresa. É preciso que todos acreditem que os benefícios da promoção serão sentidos no retorno em vendas, principalmente a equipe de vendedores e distribuidores. Toda promoção de vendas depende das pessoas envolvidas em seu funcionamento. Nada pior que um consumidor procurar um vendedor para algum esclarecimento e não obter a resposta correta nem sentir entusiasmo para participar. Um dos fatores essenciais para o sucesso de uma promoção é o entusiasmo de todos na empresa.

Vantagens da promoção de vendas:

- Estimula e aumenta o tráfego no ponto-de-venda.
  Quando fabricantes lançam uma promoção ao público final, normalmente a rede distribuidora festeja por saber que as pessoas, ao procurarem por determinada promoção, terminarão por circular mais nas lojas, elevando a possibilidade de compra de outros produtos disponíveis.
- Incentiva o consumidor a comprar.
  Diante da oportunidade do momento, a promoção de vendas oferece uma razão a mais para a compra e experimentação do produto.
- Evita quedas de produtos sazonais.
  Esta é uma característica natural dos mercados que sofrem alteração de demanda no decorrer do ano. Hotéis, por exemplo, trabalham com tabelas promocionais ou eventos especiais na baixa temporada.
- Facilita a introdução de produtos novos ou novos usos para um produto.
  Com a promoção de vendas, novos produtos elevam suas chances de experimentação ao oferecer ao consumidor um atrativo extra.
- Leva as pessoas a comprar maior quantidade do produto.
  Além de aumentar a chance de vender para um número maior de pessoas, a promoção de vendas eleva a possibilidade de vender mais unidades a um mesmo consumidor.
- Leva as pessoas a citar o produto.
  A notícia de uma boa promoção voa. Normalmente, amigos e parentes são avisados sobre as oportunidades do momento relacionadas ao consumo de produtos habituais ou mesmo novos – "Sabe aquele bombom de que você gosta? Está numa promoção imperdível no mercado X".

- Propicia o testemunho das pessoas sobre o produto.
Normalmente, diante de uma promoção as pessoas perguntam a quem já experimentou o produto sobre a qualidade, o uso ou a satisfação com ele. Essa característica alerta para a necessidade de oferecer promoções para produtos que tenham qualidade e uso proporcionais à expectativa do consumidor, para não frustrar a venda.
- Leva o cliente revendedor a fornecer mais espaço ao fabricante.
Normalmente, produtos em promoção ganham, nos distribuidores, mais espaço de exposição ou até gôndolas em locais de circulação mais elevada.
- Estimula a força de vendas.
Vendedores veem nas promoções a chance de vender mais e, é claro, elevar seus ganhos com comissões.
- Familiariza o público com novas embalagens.
Em um momento de mudança de embalagem, a promoção de vendas pode ser aplicada de forma a elevar a exposição do produto ao consumidor e estimular sua compra a fim de familiarizá-lo com a novidade.

Desvantagens e riscos no uso excessivo da promoção de vendas:

- Desgaste na imagem do produto.
Nenhuma promoção deve ser mais forte do que o produto promovido. Quando uma empresa precisa fazer uso constante de promoção, algo está errado, e o consumidor percebe isso. A promoção de vendas é, normalmente, percebida como encalhe e existência de falha no produto e é considerada como predatória da imagem da marca.

- Perda do conceito de valor real do produto.
O consumidor, muitas vezes, perde a noção de quanto custa realmente o produto quando depara com sucessivas promoções. Dessa forma, a vantagem oferecida em certo momento perde sua força de persuasão.
- Perda de fidelidade.
Ao estimular o consumo e a experimentação para novos consumidores, a promoção de vendas estimula a quebra de fidelidade a outras marcas, mas, ao mesmo tempo, pode diminuir a fidelidade dos seus consumidores.

PROMOÇÃO AOS INTERMEDIÁRIOS

Promoções aos intermediários são conhecidas, também, como programas de incentivo e têm como público-alvo os integrantes dos canais de distribuição (atacadistas, varejistas e distribuidores). Mantendo a característica de oferecer um benefício extra ao seu público-alvo, a promoção de vendas aos intermediários deve oferecer algo diferenciado, em troca de certo resultado, normalmente a elevação nas vendas ou superação das metas de vendas para determinado período. Ações desta natureza podem unir promoções aos consumidores finais, para atraí-los aos pontos-de-venda, e aos membros da rede de distribuição, para elevar a motivação e a disposição para o fechamento de vendas.

Existem diversos tipos de promoções utilizadas para o público intermediário:

- **Descontos ao intermediário**
São descontos oferecidos aos distribuidores. Por exemplo, em uma promoção ao consumidor, o preço pode ter uma redução de 20% para o público final e de mais 5% para o distribuidor. Dessa forma, o preço repassado ao intermediário terá um desconto total de 25%.

- **Programas de apoio ao fornecedor**
Programas desenvolvidos para auxiliar os varejistas na divulgação de seus produtos. Estas ações compreendem o pagamento de um percentual dos custos da divulgação local do varejista em troca de espaços para a exposição dos produtos na sua propaganda.
- **Concursos e incentivos aos intermediários**
Desenvolvidos com o objetivo de motivar e elevar o desempenho dos vendedores da rede varejista com base no alcance das metas de vendas do varejista para determinado produto.
- **Programas de treinamento**
Utilizados para informar a equipe de vendas da rede varejista sobre determinado produto. Estas ações envolvem o respeito e a valorização dos vendedores finais como um importante canal de comunicação com os consumidores. Vendedores que conhecem e gostam de determinado produto transmitem segurança aos clientes, efetivando vendas com maior eficiência.

Objetivos a cumprir com a promoção de vendas a intermediários:

- Persuadir atacadistas a comprar e estocar produtos.
- Aumentar os espaços de exposição dos produtos no ponto-de-venda.
- Motivar e alavancar vendas pela comunicação dos vendedores com seus consumidores finais.
- Dar suporte e treinamento no ponto-de-venda para comunicações feitas em outras mídias aos consumidores finais.

A PROMOÇÃO DE VENDAS E O MARKETING PROMOCIONAL: INTEGRAÇÃO MULTIDISCIPLINAR

Segundo De Simoni, o marketing promocional é a evolução da promoção de vendas e surgiu da prática do planejamento de comunicação integrada com o uso prioritário da ferramenta promoção de vendas objetivando ampliar seus resultados. "Marketing promocional é uma operação de planejamento estratégico ou tático combinando, sinérgica e sincronizadamente, as ações de promoção de vendas com uma ou mais disciplinas das outras comunicações multidisciplinares de marketing" (Ferraciù, 2007, p. 12).

A prática do planejamento de comunicação por meio do marketing promocional possibilitou, também, novas aplicações e uma nova visão desta ferramenta quando integrada às demais. Por sua característica capacidade de alavancar vendas, até hoje, agências e empresários de diversos setores fazem uso da promoção de vendas em situações emergenciais ou, tradicionalmente, em épocas de baixa demanda dos mercados sazonais. Devido ao amadurecimento da prática de marketing promocional, a promoção de vendas passou a figurar, também, como peça fundamental em ações preventivas e, quando bem planejada e integrada a outras ferramentas, pode conquistar resultados muito positivos em vendas e, ainda, atenuar seu característico efeito negativo sobre a imagem de qualidade de um produto ou marca.

O marketing promocional foi destaque no IV Congresso Brasileiro de Publicidade. A Comissão de Marketing Promocional – presidida por João Carlos Zicard, que também é presidente da Zicard e do Conselho da Ampro (Associação de Marketing Promocional) – destacou o papel da ferramenta promoção de vendas no planejamento de comunicação integrada e ressaltou na apresentação da sua tese final:

Desde o III Congresso Brasileiro de Publicidade, muita coisa mudou. O consumidor está diferente, os veículos estabeleceram outra relação com o consumidor, a diversidade de disciplinas dentro da comunicação é infinitamente maior do que há 30 anos. Hoje o consumidor tem acesso a muito mais produtos e serviços e é impactado de formas diferentes. E, por consequência, as agências de marketing promocional são cada vez mais demandadas para atuarem de forma multidisciplinar.

Durante o congresso, o *site* do jornal *Meio & Mensagem* publicou artigo de Zicard sobre o tema da Comissão:

Por muito tempo o marketing promocional funcionou como um pronto-socorro: na hora em que as vendas estagnavam ou que o cliente precisava acelerar seu faturamento, a agência de promoção entrava em cena para fazer o sininho da caixa registradora soar mais vezes. Naqueles tempos, o foco era apenas vender, sem pretensão alguma de fazer que a ação promocional adicionasse valor à marca. Não se sabe se por uma evolução natural gerada pela necessidade de mostrar diferenciais para seus clientes ou se pelas novas demandas destes ou ainda se pela maior ousadia criativa dos profissionais de marketing promocional, mas o fato é que o cenário de marketing promocional mudou para melhor. Não só cria situações que estimulam as vendas mas também, com suas ações, somam características às marcas, muitas vezes conseguindo modernizá-las ou dotá-las de um novo *glamour* para as gerações mais jovens. Com tudo isso, não espanta que essa seja uma das disciplinas que vêm alcançando maior valorização pelo seu trabalho e maior destaque em termos de participação no faturamento dos grandes grupos. Hoje, o marketing promocional é prática preventiva e não mais apenas emergencial.

A evolução da promoção de vendas, mediante sua aplicação integrada às demais disciplinas da comunicação de marketing, criando o marketing promocional, vem provar a força e poder transformador do planejamento de comunicação integrada e sua capacidade de otimizar resultados, sejam quais forem os objetivos a serem atingidos.

MERCHANDISING

A palavra "merchandising" vem do inglês *merchandise*, que significa "mercadoria". "Merchandising" significa, portanto, "comunicar pela mercadoria". É fazer o próprio produto vender-se, sem palavras. Sua aplicação voltada às ações de promoção de vendas é o chamado merchandising de ponto-de-venda, considerado o verdadeiro merchandising.

No Brasil, na linguagem geral, chama-se também de merchandising a citação ou aparição de determinado produto ou marca de uma empresa em uma ação paga mas sem as características explícitas da propaganda, o que é tecnicamente chamado de product placement, uma ferramenta complementar de comunicação que será apresentada mais adiante.

O merchandising de ponto-de-venda consiste, especificamente, em uma ação de comunicação que tem por objetivo promover vendas por meio de técnicas específicas que auxiliam o produto a vender a si próprio no ponto-de-venda. Seu objetivo é destacar um produto no ato da compra, fazendo-o agir como agente acelerador de vendas por meio de suas próprias características, como embalagem, preço etc.

Esse destaque deve ser utilizado, é claro, após estar clara a vantagem competitiva de um produto: seu preço deve ser adequado ao valor atribuído a ele pelos consumidores e competitivo em relação aos produtos concorrentes, também expostos nos pontos-de-venda.

É utilizado, principalmente, nos processos de venda por autosserviço, em que o vendedor é apenas um finalizador da venda ou até inexistente e o próprio consumidor compara os produtos em uma prateleira para fazer a sua escolha.

O merchandising difere-se da promoção de vendas em diversos aspectos. A promoção de vendas tem por objetivo acelerar vendas e deve ser utilizada por um período de tempo determinado. O merchandising no ponto-de-venda busca atingir o mesmo objetivo e dever ser utilizado, constantemente, como suporte às vendas e destaque em relação à concorrência. Folhetos "take one" em *displays*, embalagens coloridas com destaques, suportes em relevo e cartazes nos ambientes de circulação dos pontos-de-venda são exemplos de técnicas que auxiliam a diferenciação dos produtos no ato da escolha pelo consumidor. Objetivos comuns a serem cumpridos pela promoção de vendas e pelo merchandising no ponto-de-venda:

◉ Incentivar a experimentação de produtos.
◉ Apresentar novidades no produto.
◉ Destacar em relação à concorrência.
◉ Auxiliar no desencalhe de estoques no ponto-de-venda.

RELAÇÕES PÚBLICAS

Ações de relações públicas compreendem: palestras, seminários, relatórios anuais, doações filantrópicas, patrocínio, publicações, relações na comunidade, *lobby*, comunicação da identidade, revistas da empresa, eventos etc. A Associação Brasileira de Relações Públicas (ABRP) define esta ferramenta de comunicação da seguinte forma (Pinho, 1990, p. 27): "Um esforço deliberado, planificado, coeso e contínuo da alta administração para estabelecer e manter uma compreensão mútua entre uma organização pública ou privada e seu pessoal, assim como entre essa organização e todos os grupos com os quais está ligada direta ou indiretamente".

As ações de relações públicas, de uma maneira geral, visam a cuidar da boa imagem de uma empresa mediante suas relações com a sociedade e com seus funcionários. Sentir orgulho de trabalhar em uma empresa que patrocina atletas ou investe em ações sociais é, naturalmente, muito positivo.

O uso dessa ferramenta pode ser uma ação constante e permanente, muitas vezes por meio da criação de um departamento de relações públicas composto por profissionais da área e jornalistas, como parte de um amplo planejamento integrado de comunicação, ou pode ser empregado em uma campanha específica, como o lançamento de um produto dentro de um grande evento. Todavia, para ter seu efeito continuado, o ideal é que seja parte de um compromisso da empresa, reforçando uma imagem transmitida pela propaganda. Uma marca que tem por objetivo fixar a imagem de vanguarda tecnológica, por exemplo, pode reforçar esse conceito ao investir no patrocínio de feiras, congressos e eventos relacionados a exposição, debate e lançamentos tecnológicos com especialistas no assunto.

Objetivos a cumprir com o uso de relações públicas:

- Conquistar e manter a credibilidade e a aceitação de uma empresa com os seus principais públicos de maneira a garantir a criação e projeção de uma imagem institucional positiva e auxiliar na conquista de suas metas no mercado, como ferramenta de comunicação.
- Restaurar imagem danificada. Quando a empresa está com a imagem prejudicada no mercado pela ocorrência de algum evento negativo, as ações de relações públicas auxiliam em uma possível "retratação" com seu público-alvo e com a sociedade como um todo.
- Agregar a uma campanha forte a imagem da empresa diante da opinião pública.

◉ Auxiliar na manutenção de uma boa imagem, reforçando um compromisso ou uma missão da empresa quando seu ramo de atuação, por si, tem uma imagem negativa. Empresas que fabricam produtos por meio de um processo conhecidamente como poluente e investem em processos de tratamento de resíduos costumam ter como política de relações públicas a divulgação de notícias sobre suas ações ambientais. Patrocínios a eventos, feiras, congressos e publicações voltadas aos cuidados com o meio ambiente podem, também, conquistar a simpatia da sociedade como um todo.

As ações de relações públicas fazem uso de sete ferramentas táticas que formam a sigla PENCILS:

◉ Publicações – revistas da empresa, relatórios anuais, folhetos úteis etc.

Uma publicação exclusiva pode levar notícias da empresa aos seus clientes, fornecedores, colaboradores e formadores de opinião e deve oferecer, também, notícias e informações do interesse do público-alvo, por exemplo, as revistas próprias de montadoras de automóveis informam sobre lançamentos, eventos e ações da empresa e prestam serviços oferecendo informações sobre uso, curiosidades e desenvolvimento de novas tecnologias automotivas.

◉ Eventos – patrocínios de competições, atletas, atividades culturais etc.

Patrocínios, de forma geral, agregam valor às empresas que os viabilizam. Leis de incentivo reforçam essa opção. Associar uma empresa a ações na área de esportes e cultura sempre agrega valor, mas o ideal é que, dentro de um planejamento de comunicação, a escolha do que deve ser patrocinado seja estudada com base no perfil do público-alvo e nos objetivos de imagem e posicionamento da empresa para potencializar a ação.

Como exemplo em sala de aula, costumo citar a estratégia de comunicação de um cemitério vertical de Santos, o Memorial, que se tornou um dos maiores patrocinadores de atletas da cidade. As suas principais características (ser um local agradável, limpo, confortável e ecumênico) são reforçadas por uma estratégia de comunicação baseada em ações de patrocínio: atletas e eventos esportivos. A questão da "morte" e imagens relacionadas a ela estão fora de suas mensagens. A marca, hoje, conta com a simpatia da sociedade como um todo e é adorada pelos atletas e amantes do esporte. Comunicar um produto que, naturalmente, não há quem deseje utilizar é um grande desafio que essa empresa venceu pelo uso de uma propaganda bastante discreta, como uma forma de apresentar diferenciais, endereço e telefones de contato e com a sua presença nas ruas, marcantemente associada a momentos bons e imagem simpática diante da sociedade. Com ações constantes nessa área, a marca Memorial tornou-se conhecida, positiva e simpática, apesar de o serviço que presta estar associado à morte e a momentos de tristeza. Atletas da cidade, participantes e vencedores de competições em todo o país, dão entrevistas com bonés e camisetas com a logomarca da empresa, agradecendo e valorizando o apoio que recebem de seu patrocinador.

A escolha do evento a ser patrocinado deve estar em completa harmonia com os objetivos de uma campanha e com os interesses de seu público-alvo. Para garantir o sucesso de um evento patrocinado, essa ferramenta de relações públicas pode fazer uso da propaganda para comunicar o evento, informar locais de compra de ingressos, datas etc.

- **Notícias** – matérias favoráveis à empresa.
Notícias são maneiras de conferir credibilidade à comunicação da empresa. Quando vemos um jornal comunicar algo sobre um produto, organização pública ou privada, o fato ganha maior credibilidade do que quando uma empresa fala de si própria, como acontece na propaganda.
Manter uma equipe própria ou terceirizada de assessoria de imprensa – atualizada com informações constantes, com cadastro de jornalistas e bom relacionamento com revistas, jornais, *sites* de conteúdo e *blogs* – é um meio de elevar a presença de uma empresa nos veículos de comunicação.
- **Causas comunitárias** – ações simpáticas à comunidade como um todo, pela doação de tempo, dinheiro ou recursos a causas sociais. Exemplos: participação em campanhas de reciclagem, arrecadação de alimentos e agasalhos, prestação de serviços gratuitos à comunidade, criação de programas de alfabetização etc.

Para planejar corretamente ações neste setor, é preciso determinar assuntos do interesse do público-alvo da empresa e da sociedade como um todo.
- **Identidade visual** – papelaria, uniformes, cartões de visitas etc.

Identidade visual significa determinar e cuidar da imagem a ser transmitida ao mercado e decidir sobre materiais de apresentação institucional. Essa ferramenta lembra um importante conceito em comunicação: tudo comunica e é preciso que a comunicação de uma empresa seja uniforme. Seus produtos e suas mensagens devem estar em harmonia. Cartões de visita, pastas de apresentação, carros próprios etc. precisam comunicar uma imagem única tal qual é transmitida pela propaganda e ações de comunicação.
- *Lobby* – esforço para influenciar decisões de legisladores e regulamentadores.

O *lobby* é a ferramenta de comunicação que tem como alvo políticos e poderes públicos por meio de um grupo organizado. Seu objetivo é garantir a simpatia a uma causa própria ou da sociedade.

Infelizmente, esta ferramenta de relações públicas está associada à conquista de votos e benefícios políticos no poder legislativo e executivo pela corrupção. Mas, como ferramenta de comunicação, *lobby* significa comunicar uma causa aos órgãos governamentais, sensibilizando a opinião de seus membros sobre questões importantes para empresas, grupos de negócios e comunidades. Por exemplo, grupos de ONGs que buscam pressionar os poderes políticos na tomada de decisões que auxiliam na preservação ambiental ou uma empresa que pode ter sua existência comprometida no caso de alterações nas leis que regulamentam seu setor de atuação etc.

O filme *Obrigado por fumar* tem como personagem principal um lobista norte-americano da indústria do tabaco e mostra, fortemente, as tentativas de seu trabalho voltadas a impedir a proibição do fumo, em uma batalha de entrevistas e debates com um senador para defender o livre-arbítrio do cidadão.

- Social – esta ferramenta tática de relações públicas significa a comunicação de uma empresa por meio de uma postura permanente de responsabilidade, rendendo uma boa reputação diante da sociedade.

MARKETING DIRETO

Os anos 1980 marcaram a história do marketing mundial com o surgimento do marketing direto, viabilizado com a criação dos computadores que possibilitaram o armazenamento organizado de um grande volume de dados. Essa foi uma década de transição. Surgiu uma nova ferramenta de comunicação partindo da mudança do foco do marketing: do produto para o cliente.

Os clássicos Pês (produto, promoção, ponto de distribuição, preço e praça) foram transformados nos 4 Cês: cliente, comunicação integrada, custo e conveniência para o cliente. Uma grande quantidade de informações organizadas sobre os atuais ou potenciais consumidores de um produto/serviço passou a ser utilizada em campanhas um a um, ou seja, uma nova forma de comunicação, encaminhada nominal e individualmente a cada nome cadastrado. Dessa forma, o composto de comunicação passou a dispor da comunicação um a um.

O marketing direto trabalha exatamente com o foco na manutenção de clientes e conquista direcionada e tornou-se um meio de conquistar um objetivo diferenciado: a fidelização de clientes. Foi assim que o marketing evoluiu para a busca, por exemplo, do cálculo do lucro com base no valor que um cliente pode gerar para uma empresa ao longo da sua vida útil, trazido para o momento, o *Lifetime value* (LTV).

Surgiu, então, o marketing direto ou de relacionamento com o cliente, aquele que tem como foco manter clientes, conhecer seus nomes, endereços, gostos e necessidades e que utiliza essas informações como base para a tomada de decisões sobre produto, preço, distribuição ou comunicação. Outra característica importante que diferencia o marketing direto é o oferecimento de um canal de comunicação com a empresa, ou seja, um canal de resposta à comunicação.

A partir daí, as empresas pioneiras neste setor travaram a rápida evolução do marketing direto com sucessos e insucessos, levando o mundo do marketing a novas conceituações: database marketing e CRM (Costumer Relationship Management). Trata-se de estratégias de comunicação individualizada e de gestão de marketing capazes de estabelecer um relacionamento duradouro com os clientes, buscando a sua fidelização mediante uma postura permanente de ouvir, entender e atender, da melhor forma possível, as suas necessidades com produtos.

Hoje, pode-se ver que as especulações iniciais sobre o possível fim da comunicação de massa diante desta nova ferramenta (risco apontado por muitos especialistas décadas atrás) ainda não se consolidaram. Mas as mudanças trazidas pelo início do marketing direto são irreversíveis e a comunicação empresarial ganhou um novo foco, uma possibilidade estratégica que vem obrigando as empresas, dia a dia, a pensarem suas ações comerciais com base em um novo conceito de comunicação: a comunicação integrada, aquela capaz de fazer uso inteligente das mais variadas ferramentas de comunicação, seja de massa, seja individualizada.

De forma geral, a comunicação dirigida atua com base na segmentação de mercado e busca atingir os indivíduos um a um. Pode ser utilizada de duas maneiras:

- Como um amplo planejamento com a implantação de CRM, instalação de centrais de coleta, organização e acesso a dados, mantendo um diálogo permanente com seus clientes por centrais 0800, carta-resposta impressa ou internet.
- Como uma ferramenta de comunicação a ser utilizada em determinada ação de captação dirigida de clientes, por exemplo, uma ação para comunicar a abertura de um novo ponto-de-venda de uma loja de varejo que utilize, ainda, o envio de um convite aos clientes atuais cadastrados e a uma lista de potenciais clientes, selecionados por perfil de consumo, alugada de determinada empresa especializada.

Esta é, portanto, uma poderosa ferramenta que, desde seu surgimento, vem "roubando" verbas no orçamento empresarial, antes dirigidas exclusivamente à comunicação de massa. Trata-se de um processo interativo fundamental para a construção de um relacionamento com o cliente mediante a abertura de um diálogo que objetiva conhecer e atender suas necessidades antes e melhor que os concorrentes. Colocar uma empresa próxima aos seus clientes é um de seus objetivos principais.

Um exemplo brilhante do uso de centrais 0800 como parte de um amplo projeto de fidelização é utilizado pela Bombril, com sua central de atendimento ao público 24 horas. Certa vez, tarde da noite, quando minha filha era bebê, lavei rapidamente uma chupeta com detergente e, somente depois de colocá-la em sua boca, percebi que dentro ainda havia resíduos do produto. Preocupada com a hipótese de o detergente causar algum mal ao bebê, procurei imediatamente o serviço 0800 destacado no rótulo. Liguei e, após relatar o ocorrido, a atendente disse-me que não me preocupasse, pegou meus dados e falou que em cinco minutos uma médica entraria em contato comigo, o que aconteceu em menos de dois minutos. A médica identificou-se, pediu-me que relatasse o que havia acontecido, fez perguntas em relação às reações do bebê e orientou-me sobre as ações necessárias para garantir seu bem-estar.

Ações desse tipo fazem o cliente sentir-se "cuidado" pela empresa que, investindo nessa ferramenta de comunicação direta, cria com ele uma história, um relacionamento e, como no meu caso, conquista a fidelidade à marca por seu respeito ao consumidor em um momento em que precisou de ajuda.

Outro grande argumento para o uso da comunicação um a um é o fato de ser, comprovadamente, menos dispendiosa e mais objetiva na manutenção de clientes do que na conquista de novos. Ações de marketing direto envolvem o uso de catálogos, mala-direta, telemarketing, compras pela internet, compras pela TV, e-mail e correio de voz.

Além de organizar e fazer uso de informações, as ações da comunicação direta devem objetivar algum tipo de reação imediata. Para ser utilizada como ferramenta de comunicação, é preciso que suas características principais sejam bem entendidas e o planejamento deve ser orientado para cumprir objetivos específicos:

- Personalizar a comunicação.
- Estabelecer um relacionamento com o cliente para fidelização (garantia de recompra) e conquista da preferência.
- Segmentar seu mercado-alvo.
- Coletar nomes e pesquisar características dos clientes.
- Iniciar relacionamento com clientes um a um.
- Vender por um canal de vendas próprio.
- Elevar potencial individual de compra.
- Divulgar produtos/serviços/empresas a um grupo pré-definido de potenciais clientes.
- Obter informações dos clientes: conhecer necessidades, desejos e opinião sobre o produto com um canal de resposta.
- Ampliar mercado por meio da comunicação dirigida a potenciais compradores fazendo uso do aluguel de lista de *prospects*, selecionados por características de idade, sexo, hábitos, poder de compra etc.

Vantagens do marketing direto e da comunicação individualizada:

- Atinge o público-alvo diretamente em seu endereço.
- Oferece canal de resposta.

- ⊙ Abre um canal de comunicação direta com clientes e *prospect*.
- ⊙ Direciona verba para público segmentado, otimizando valores investidos.
- ⊙ Seletividade e personalização.
- ⊙ Maior flexibilidade.
- ⊙ Mais adequado para teste.
- ⊙ Maximização de lucros da lista de clientes.
- ⊙ Alto índice de resposta.
- ⊙ "Invisível" aos concorrentes.
- ⊙ Mensurável.
- ⊙ Possibilita conhecer melhor cada cliente.

DIFERENÇAS FUNDAMENTAIS ENTRE MARKETING DIRETO E PROPAGANDA

MARKETING DIRETO	PROPAGANDA E MARKETING GERAL
• Vendas individuais, com clientes identificáveis por nome, endereço e hábitos de compra.	• Vendas em massa, com compradores identificados como amplos grupos que compartilham as mesmas características demográficas e perfil psicológico.
• Os produtos ficam valorizados pelo importante benefício de sua entrega em domicílio.	• Os benefícios não incluem a entrega em domicílio.
• O meio de venda é o próprio mercado.	• O produto a ser vendido no varejo é o próprio mercado.
• A propaganda é utilizada para gerar uma consulta ou um pedido imediato, com uma oferta específica.	• A propaganda é utilizada para efeito cumulativo ao longo do tempo, visando à construção de uma imagem, informação, lealdade e apresentação de benefícios; a ação é postergada.

| • A repetição é utilizada durante a veiculação do anúncio ou mala-direta. | • A repetição é utilizada durante um período de tempo. |
| • O consumidor sente índice de risco, compra sem ver o produto, o recurso para sanar a eventual insatisfação é longínquo | • O consumidor tem contato direto com o produto e sente o risco menor. |

Fonte: Jobs, 1993.

Como mencionado, para ações dirigidas de conquista de clientes, deve-se alugar listas de *prospects* escolhidas conforme perfis definidos como potenciais compradores. Exemplo: alugar listas de cartões de crédito selecionando mulheres, com gastos mensais na fatura em determinada faixa de valor, idade, com filhos ou não. Definir e segmentar corretamente o mercado é um dos fatores que garantem o sucesso de uma campanha com uso de comunicação dirigida.

Tipos de mailing list:

Lista de resposta – lista de pessoas que compraram, fizeram consultas, tornaram-se assinantes ou membros de um clube de produtos de continuidade ou participantes de sorteios.

Lista compilada – lista compilada a partir de uma lista telefônica, certificados de propriedade de veículo, cartas de motorista etc. Podem ser amplas ou segmentadas, por exemplo, pessoas que compartilham interesses comuns: membros de clube de jardinagem, médicos, químicos etc.

Lista de consumidor – lista de resposta ou compilada: compradores de automóveis Chevrolet, colecionadores de selos, proprietários de barcos etc.

Lista de empresas – associações industriais e comerciais são fontes de listas empresariais por categorias: fabricantes de móveis estofados; fabricantes de pneus etc.

Listas internas – a própria lista de clientes e potenciais clientes de uma empresa. Normalmente é a que gera maior retorno e constitui um ativo valioso.

FORÇA DE VENDAS

Muitas vezes esquecida pelo planejamento de comunicação, a força de vendas é aqui abordada como um importante meio para levar uma mensagem por meio dos vendedores, representantes e vendedores dos canais da rede varejista, capazes de esclarecer o consumidor sobre as qualidades e os usos do produto e, ainda, fechar vendas. Por essa razão, é extremamente importante que o planejamento de comunicação a veja não só como um público receptor da mensagem, mas, principalmente, como parte integrante da comunicação que deve e procura informar, treinar e capacitar os vendedores a comunicar a mensagem planejada e transmitida pelas demais ferramentas, incluindo informações sobre os diferenciais do produto e capacitando os vendedores a persuadir os clientes no ponto-de-venda, além de reforçar a mensagem global transmitida pela empresa, auxiliando no fechamento de negócios. O vendedor bem treinado incrementa vendas.

> "Uma das mais dispendiosas ferramentas de comunicação de marketing, especialmente para vendas de campo. A força de vendas comunica o produto, suas vantagens, eficácia, responde perguntas e fecha vendas."
> PHILIP KOTLER

Por ser uma ferramenta de comunicação no momento da compra, a força de vendas representa o elo entre a empresa e os clientes. O vendedor é o representante da companhia, transmite informações sobre o seu produto e a sua imagem e, também, pode fornecer para a empresa importantes informações sobre os clientes, dificuldades de venda, preferências do mercado etc.

O uso da força de vendas como canal de comunicação com o mercado pode auxiliar no cumprimento de alguns objetivos específicos:

- Estimular a experimentação do produto pelos vendedores (testemunho no ato da venda).
- Divulgar o lançamento de um produto.
- Qualificar vendedores sobre aspectos técnicos dos produtos para esclarecimento ao público-alvo.
- Garantir a preferência dos vendedores.
- Informar campanhas promocionais e esclarecer os vendedores sobre a mecânica, o regulamento e os prazos a fim de qualificá-los para esclarecimentos ao público-alvo.
- Apresentar um novo produto como possibilidade de ganho para o vendedor.
- Esclarecer as vantagens, os benefícios e os usos do produto.
- Possibilitar que vendedores estejam aptos a esclarecer dúvidas dos clientes sobre uso e características dos produtos.

O vendedor deve ser o primeiro a "comprar" o produto, a ideia, o benefício, o serviço etc. Um produto visto como desqualificado pelos vendedores, com certeza, enfrenta grandes problemas de aceitação e vendas, pois é comum o comprador solicitar a opinião do vendedor, que pode ser decisiva no processo de escolha.

Tipos de força de vendas:

- Força de vendas para empresas – vendedores das fábricas aos distribuidores.
- Força de vendas dos canais de distribuição – vendedores das lojas para o público final.
- Telemarketing.

Segundo Philip Kotler, a força de vendas deve ser treinada de forma a estimular algumas características essenciais para garantir a qualidade da comunicação do produto no ponto-de-venda:

- Conhecimento.
- Caráter.
- Rapidez no atendimento.
- Simpatia.
- Despertar talentos.

Campanhas específicas dirigidas ao consumidor final de um produto (por exemplo, um novo xampu) devem ser comunicadas, concomitantemente, aos vendedores dos distribuidores (lojas, farmácias etc.) para garantir o sucesso na comunicação dos benefícios e da imagem do produto no ato da venda. Vendedores bem informados transmitem segurança e confiança no produto.

Ferramentas complementares

PRODUCT PLACEMENT (PP)

Como mencionado anteriormente, product placement é a ferramenta erroneamente chamada no Brasil de merchandising e consiste em ações de comunicação ligadas à aparição de um produto em determinada mídia, sem as características da propaganda, feita mediante pagamento por parte do produto anunciante. Trata-se da inserção de um produto em programas de televisão, filmes, internet, *games*, peças de teatro etc. A aparição de uma determinada bebida no balcão de um bar numa cena de novela ou a marca de uma companhia aérea estampada no avião de uma cena de despedida de um longa-metragem são exemplos de PP.

O merchandising, como aparição de produtos ou empresa, tem como função a comunicação, muitas vezes, no ambiente de uso ou em um local ou uma situação cujo perfil é estrategicamente escolhido para ter sua imagem associada ao produto.

Ações de PP podem ser classificadas em três níveis, conforme a intensidade da mensagem:

- Inserção – simples aparição de um produto dentro de determinado contexto.
- Aparição – o produto aparece acompanhado de uma demonstração de seu uso.
- Testemunhal – aos níveis anteriores acrescenta-se um depoimento favorável, como na propaganda, aproximando-se dessa ferramenta principal em objetivos e funções.

O planejamento de comunicação, ao optar pelo uso de PP, deve avaliar cuidadosamente as opções de programas e momentos de inserção, aparição ou testemunhal a fim de garantir que a mensagem não destoe ou atrapalhe o momento de entretenimento do público-alvo e apareça de forma natural, dentro de um contexto positivo e em harmonia com os objetivos a serem atingidos.

AÇÕES COOPERADAS COM O TRADE

Consistem em campanhas de comunicação realizadas mediante uma parceria entre fabricante e rede varejista em que ambos se colocam como comunicadores (1) da mensagem. Ações deste perfil são voltadas para promoções de redução de preços, com forte uso de merchandising no ponto-de-venda.

FOLHETOS/CATÁLOGOS

Folhetos e catálogos são ferramentas de comunicação muitas vezes marginalizadas pelos gestores de comunicação. Porém, em alguns segmentos de mercado, são peças de importância vital para o bom resultado de uma comunicação planejada. Em lançamentos imobiliários, por exemplo, nos relatórios dos plantões de vendas, o número de visitantes que tomaram conhecimento do empreendimento por meio da distribuição de folhetos chega a ser superior ao número de visitas geradas por anúncios impressos na seção de classificados de imóveis de jornais.

Outra grande utilidade dos folhetos é atrair público e potenciais compradores a eventos ou promoções relâmpagos que podem estar acontecendo em determinado instante, com o claro objetivo de elevar a circulação de pessoas em um local específico. Por exemplo: distribuição de folhetos nas ruas comerciais próximas a um grande *shopping center* comunicando a presença de monitores e diversão gratuita para as crianças em determinadas épocas, como o Dia das Crianças.

Ferramentas inovadoras

BUZZMARKETING

Consiste na comunicação boca-a-boca. Assuntos polêmicos ou capazes de despertar grande interesse geram um *buzzzz* (como o zumbido das abelhas no ouvido), daí a origem do nome "buzzmarketing".

Conseguir gerar uma comunicação boca-a-boca intencionalmente não é uma tarefa das mais fáceis. Criatividade e profundo conhecimento das características e dos interesses do público-alvo da mensagem são imprescindíveis para uma comunicação gerar buzzmarketing. Outro fator importante a ressaltar é o cuidado para que não se perca o controle da mensagem a ser transmitida, como na conhecida brincadeira do telefone-sem-fio.

Uma das principais ferramentas de comunicação que, se planejada corretamente, é capaz de gerar um ótimo buzzmarketing é a promoção de vendas. Notícias de ações de degustação de produtos, descontos ou benefícios, se percebidos como vantajosos pelo público-alvo, são propagadas aos quatro ventos, gerando grande zunzunzum.

MARKETING VIRAL

É a evolução do buzzmarketing para o mundo virtual. O termo "viral" está relacionado diretamente à internet, como um vírus que infecta um usuário, que logo retransmite a outros.

Como toda ferramenta inovadora, deve ser utilizada com cuidado, com a ética e as orientações da boa educação no uso da internet. Mensagens de novidades, principalmente relacionadas à prestação de serviços, por meio de *sites* ou incentivos a ações de relações públicas, tais como campanhas sociais e culturais, costumam gerar marketing viral, pois são interpretadas como o oferecimento de um benefício a mais aos usuários da rede.

PROPAGANDA NO LAZER – *ADVERTAINMENT*

O termo *advertainment* surgiu da união das palavras *advertising* (propaganda) e *entertainment* (entretenimento), em inglês. Diante da ampliação do uso da internet e da consequente fragmentação da audiência, a *advertainment* – considerada por muitos a evolução da propaganda – está sendo praticada no mercado como uma nova forma de impactar o público-alvo, oferecendo--lhe momentos de lazer. Essa ferramenta inovadora pode mesclar ações de relações públicas e product placement. Mas, de forma geral, deve obrigatoriamente ser bem planejada para não "agredir" o público em seu momento de diversão, e sim contribuir para seu bem-estar.

Alguns exemplos de ações de *advertainment* já executadas por empresas de todo o mundo: criação de um curta-metragem inteligente, no lugar do tradicional filme de trinta ou sessenta segundos, divulgado na internet em sites como o YouTube, por meio de marketing viral ou exibidos em sessões de cinema e campanhas que contam com a participação do público gravada em vídeos para divulgação pela web.

EXERCÍCIOS

1 Uma empresa revendedora de moda *surfwear* necessita esvaziar seu estoque de artigos para o público masculino e, ao mesmo tempo, comunicar e atrair o consumidor a conhecer os novos artigos esportivos para outras modalidades, como: uniformes para corredores e jogadores de tênis (*shorts*, saias femininas, blusas polo, bolas etc.); linhas masculina e feminina para natação, judô etc. Analisando o modelo de comunicação, descreva sua estratégia com o uso de canais/ferramentas de comunicação e justifique sua resposta.

2 Cada grupo deve escolher uma das empresas abaixo, analisar o modelo de comunicação e descrever a estratégia com o uso de canais/ferramentas de comunicação, justificando sua resposta.

Concorrente 1
Empresa: **fabricante de *lingerie***
Distribuição: **lojas revendedoras em pontos estratégicos da cidade e lojas próprias**
Produto: **conjuntos de *lingerie* para o dia e a noite com o uso de rendas e modelagem especial**

Características: qualidade de modelagem, uso de tecidos importados, *design* tradicional
Público-alvo: mulheres da classe A
Histórico: produtos de qualidade com marca conhecida no mercado, sinônimo de moda íntima moderna e de bom gosto; atualmente, enfrenta concorrência de marcas importadas desconhecidas porém de alta qualidade e beleza
Objetivo: ganhar a preferência pela marca e mostrar a nova coleção criada para combater o produto concorrente

Concorrente 2

Empresa: importador de marca de *lingerie*
Distribuição: lojas revendedoras em pontos estratégicos da cidade, quiosques em ateliês de alta-costura e cabeleireiros famosos
Produto: conjuntos de *lingerie* para o dia e a noite com o uso de rendas e modelagem especial
Características: apelo *fashion*, utiliza acabamentos diferenciados com pedrarias, porcelanas e coleções temáticas, por exemplo: Safári, Minas de ouro e Praias do Caribe
Público-alvo: mulheres da classe A
Histórico: por ter se tornado moda na Europa e nos Estados Unidos, importadores brasileiros trouxeram esse novo produto ao Brasil, enfrentam forte marca local e certa resistência cultural
Objetivo: conquistar clientes e mostrar-se superior ao concorrente local

3 Avalie dois anúncios de produtos concorrentes e responda:

- Qual deles você considera mais eficaz. Por quê?
- Que mudança sugeriria em cada um deles?
- Avalie os anúncios conforme as características: atratividade, impacto, clareza, relevância e credibilidade.

4 Escolha um anúncio de uma promoção de vendas e responda:

- Qual benefício/vantagem ela oferece?
- Você considera o foco da promoção forte o suficiente para destacar o produto e atrair o público-alvo?
- É simples e fácil de entender?
- Quais impactos negativos ela pode causar?

5 Pesquise e liste as ações de relações públicas realizadas por duas empresas concorrentes do setor financeiro. Avalie a mensagem que cada uma busca transmitir com essas ações. Aponte e justifique qual delas, em sua opinião, é mais eficiente.

6 Uma empresa do setor de calçados sofisticados deseja enviar por mala-direta o convite para a inauguração de uma nova loja. Além de utilizar sua própria *mailing list* de clientes, ela deseja alugar uma lista para atingir novos *prospects*. Qual tipo de lista você indicaria a essa empresa? Justifique.

8 MEIO: POR QUAL MÍDIA/VEÍCULO?

AS FERRAMENTAS DE COMUNICAÇÃO podem fazer uso das mais variadas mídias para a veiculação de suas mensagens. Uma propaganda (ferramenta/canal de comunicação) pode ser veiculada em jornais, revistas, TV, internet; uma promoção, por sua vez, pode ser comunicada avaliando o uso de todos esses veículos disponíveis ou exclusivamente por mala-direta a clientes cadastrados; uma ação de venda direta pode ter suporte na televisão para estimular o consumidor a ligar para uma central de televendas e fechar o negócio. Por essa razão, é importante destacar, também, o papel da mídia no planejamento de comunicação.

O planejamento de mídia trata, mais especificamente, da distribuição da verba para veicular uma campanha entre os mais variados veículos e tem por objetivo elevar as chances de uma mensagem atingir o público-alvo de uma campanha. O planejamento de mídia deve avaliar o perfil de audiência e os custos dos mais variados veículos de comunicação e propor a melhor distribuição entre as possibilidades existentes. É feito com base na orientação do público-alvo de determinada comunicação, seu perfil e seus hábitos de consumo, determinados pelo planejamento de comunicação.

Muitas vezes, o planejamento de comunicação pode oferecer orientações sobre as mídias disponíveis com base nos hábitos e nas características do público-alvo e das ferramentas de comunicação escolhidas. Para isso, é preciso conhecer as características de cada veículo, indicando quais podem ser mais eficientes de acordo com os objetivos a serem atingidos. Por exemplo: pode-se propor a realização de uma promoção que deverá ser comunicada ao segmento de mercado escolhido exclusivamente pela internet. A partir daí, caberá ao planejamento de mídia estudar audiências de *sites* e possibilidades de uso da internet para os fins específicos da campanha.

Os 5 Ws do planejamento de mídia: *who* (quem), *when* (quando), *why* (por quê), *what* (o quê) e *where* (onde).

Esses cinco Ws devem fazer parte da orientação que auxilia a garantir que o púbico-alvo da mensagem seja atingido pela comunicação, otimizando a verba disponível de forma a garantir volume e qualidade do público-alvo de uma ação de comunicação.

O planejamento de comunicação deve, obrigatoriamente, fazer uso do conhecimento das características gerais dos veículos de comunicação.

JORNAL

PÚBLICO – O jornal, de uma maneira geral, apresenta um apelo universal e alcança os mais variados públicos. Indicado para comunicar produtos de consumo geral, coisas que todo mundo compra, marcas e ideias.

Características principais:

◉ Maleabilidade – pode ser inserido, trocado ou cancelado de uma edição para outra.
◉ Normalmente provoca reação mais rápida para a compra.
◉ Controle – facilmente visto e controlado por revendedores locais, aceitando a venda do produto pelos canais de vendas.
◉ A circulação é limitada em termos geográficos – isso é positivo para produtos e empresas de atuação geograficamente definida e limitante para produtos e empresas de abrangência nacional.

Limitações:

- É lido rapidamente.
- Tem vida curta – é lido, ou não, no mesmo dia e descartado.
- A reprodução dos anúncios é, na maioria das vezes, de má qualidade.

REVISTA

PÚBLICO – As revistas são mídias que, normalmente, atingem públicos de padrão de vida mais elevado.

Características principais:

- São mais seletivas – isso possibilita uma melhor seleção do público-alvo/segmentação.
- Têm vida mais longa que os jornais.
- São lidas mais devagar – favorecem textos mais longos.
- Têm maior número de leitores por exemplar – circulação maior que a tiragem.
- Existem publicações periódicas especializadas, tais como aquelas dedicadas a assuntos específicos: agricultura, saúde, medicina, finanças etc. – isso permite utilizar essa mídia para atender a campanhas que trabalhem com públicos com interesse específico em determinados assuntos.

RÁDIO

PÚBLICO – Atinge os mais variados públicos, fonte de diversão e lazer e perfil de utilidade pública.

Características principais:

- Entretenimento – disposição a qualquer hora do dia.
- Não solicita exclusividade de atenção – o ouvinte escuta enquanto realiza outras tarefas.

- Impacto – pelo uso da música e sonoplastia, reforça o efeito da palavra, causando maior impacto. Seus recursos são ricos para atrair, persuadir e despertar a curiosidade no ouvinte.
- Maleabilidade para cancelar, trocar ou alterar a comunicação com facilidade.
- Pode ser apresentado em forma de textos comerciais, *jingles* e *spots* ou patrocínio de programas.

Limitações:

- É inadequado para a apresentação de temas complexos ou assuntos técnicos que demandem explicações.
- Dura o tempo em que está no ar.

TELEVISÃO

PÚBLICO – Atinge grande público com perfis diferentes no decorrer do dia e por estilo de programa. Veículo de comunicação de proeminência nacional.

Características principais:

- Possibilita trabalhar sons e imagens.
- Entretenimento completo e fascinante.
- Possibilita mostrar um produto em uso, despertar o desejo, emocionar e persuadir com mensagens e, ao mesmo tempo, mostrar logomarcas, músicas etc.
- Permite a exibição de *slides*, desenhos, filmes, comerciais ao vivo, patrocínio de programas, videoteipes, merchandising etc.

MALA-DIRETA

PÚBLICO – Atinge o público-alvo diretamente em sua casa de forma personalizada.

Características principais:

- Veículo de comunicação dirigida que permite a personalização da mensagem.
- Pode utilizar listas de nomes de clientes de empresas ou listas alugadas com seleção de nomes por perfil detalhado do público-alvo a ser atingido em uma campanha, por exemplo: homens, entre 40 e 50 anos, que consumam determinado tipo de produto, com renda entre R$ 4.000,00 e R$ 10.000,00, pais de família.
- Oferece caminho de resposta ao apelo da mensagem.
- Possibilita fazer o público-alvo sentir-se especial.

OUTDOORS E MÍDIAS EXTERNAS

PÚBLICO – Atingem todos os que passam pelas ruas; a seleção de públicos pode variar pelo perfil do tráfego em determinados locais e bairros de uma cidade. Podem ser *outdoors*, *busdoors*, sinalizações, luminosos, *banners*, painéis em edifícios etc.

Características principais:

- Ideais para mensagens curtas.
- Possibilitam o uso de fotos, imagens do produto e marcas.
- Mídias permitidas apenas em locais regulamentados, proibidas em algumas cidades, como na capital de São Paulo.

INTERNET – UM CAPÍTULO À PARTE

Quanto aos veículos de comunicação, vale lembrar que todos eles também representam um meio de comunicação para a ferramenta tática notícias de relações públicas, geradas por equipes de assessoria de imprensa.

EXERCÍCIO

Cite e explique as características principais dos seguintes veículos e cite um exemplo de comunicação ideal para cada um:

⊙ Jornal

⊙ Revista

⊙ TV

⊙ Outdoor

9 INTERNET E AS NOVAS
TECNOLOGIAS NO PLANEJAMENTO DE COMUNICAÇÃO

NÃO RESTA A MENOR DÚVIDA: há quinze anos era muito mais simples realizar um planejamento de comunicação. O que mudou? A tecnologia? Sim, com certeza. Porém, o mais importante é o que mudou com a tecnologia: o comportamento do consumidor.

Atualmente, ficou bastante complicado planejar a comunicação, na qual se tem em um dos extremos um público-alvo, que deve ser conhecido, estudado e entendido como um consumidor repleto de necessidades e desejos a serem satisfeitos. O consumidor pós-internet está sendo, dia a dia, influenciado, moldado e invadido por uma enxurrada de novas tecnologias que passam, cada vez mais rápido, a fazer parte de seu mundo. Dessa forma, o trabalho do planejamento de comunicação tornou-se mais desafiador, exigindo muito mais flexibilidade de conceitos, abertura para mudanças e, consequentemente, criatividade. Como foi dito, todas as ferramentas do marketing têm à disposição numerosas possibilidades de mídias para veiculação: jornais, revistas, TV, celulares, *displays*, *outdoors* e, é claro, a internet.

Em decorrência das mudanças tecnológicas, um fato tornou-se marcante nesta última década: a fragmentação da audiência. Canais abertos, TV por assinatura, revistas, jornais, *sites*, *blogs* especializados, TV com gravadores digitais, web rádio, *podcasting*, MP3 *players*, *videogames* etc. estão dividindo a audiência. Sem contar o fato de que, atualmente, os consumidores veem várias mídias ao mesmo tempo: TV com internet, internet com rádio, revista com TV etc. Com essa pulverização da audiência ficou mais difícil saber onde encontrar o público--alvo e ainda determinar qual o melhor momento para isso.

Esse é um dos fatores que fortaleceram o uso das estratégias de comunicação um a um, que elevam as chances de uma mensagem personalizada atingir o público-alvo potencial. Estudando um determinado segmento de mercado, o planejamento de comunicação terá que orientar o planejamento de mídia com as informações coletadas sobre o receptor da mensagem, e este, utilizando muito conhecimento e criatividade, terá que responder como a verba de divulgação deverá ser distribuída a fim de otimizar o retorno desejado.

Depois de mais de uma década de internet no Brasil, algumas coisas já se tornaram naturais, assim, não se pode mais imaginar o lançamento de um produto sem a criação de um *site* da campanha com informações ao público e promoções que estimulem a experimentação e despertem o desejo de consumo. O uso da internet, com a criação de *websites* e inclusão de *banners* e *pop-up's* em *sites* de grande audiência, é chamado de marketing digital.

Além do fato da mudança na audiência, a internet criou uma nova geração de consumidores muito mais exigentes. Realizar pesquisas de preço tornou-se algo simples e corriqueiro com os *sites* especializados; além disso, a internet é, hoje, uma imensa vitrine para consumidores satisfeitos e interessados realizarem buzzmarketing e, é claro, para os insatisfeitos exporem os problemas enfrentados com determinados produtos, mau atendimento de assistência técnica e descontentamento geral com a qualidade de produtos e serviços, fazendo o que se pode chamar de buzzmarketing inverso, ou seja, comunicação boca a boca negativa.

Antigamente, em marketing, dizia-se que um cliente satisfeito contava sobre sua experiência positiva para cinco pessoas, e o insatisfeito, para onze. Hoje, a insatisfação de alguns ganha a audiência de milhares de pessoas com a divulgação *on-line* por meio de *sites* e correntes de *e-mails*. Assim, um número cada vez maior de consumidores, antes de comprar, utiliza a web para verificar o histórico de reclamações contra empresas.

Por essa e outras razões, o planejamento de comunicação tem, atualmente, muitos outros meios de atingir determinado público-alvo com suas estratégias de solução de problemas, mas a constante evolução da tecnologia e as mudanças nas preferências, nas necessidades e nos hábitos diários dos consumidores deixam um alerta: é preciso atualização constante. O mundo muda, as tecnologias mudam, **o consumidor muda!**

Além da transformação dos hábitos, trazida pelas novas tecnologias desta era da informação, a internet, como elemento do planejamento de marketing e comunicação, pode ser considerada tanto uma mídia por meio da qual propagandas, promoções e ações de relações públicas são veiculadas quanto um novo tipo de ferramenta/canal de comunicação: força de vendas *on-line*.

Sim, ficou bastante complicado. E, para piorar, a internet está exigindo, também, alterações conceituais na comunicação, pois vem se consolidando muito mais como um meio de prestação de serviços (relações públicas) do que de mídia para a exibição de propagandas. Abrir *sites* de empresas e encontrar somente versões digitais das mesmas campanhas veiculadas nos jornais e na TV não atrai nem desperta a atenção do internauta. O público conectado dirige sua audiência para *sites* que prestam serviços e informações úteis em vez de, simplesmente, comunicar propagandas. Para persuadir a audiência *on-line* é preciso agregar valor de utilidade a *sites* comerciais, como *sites* de fabricantes de produtos para bebês que criaram seções exclusivas com orientação de especialistas para as mães tirarem dúvidas sobre crescimento e saúde, com dicas especiais para auxiliar na educação e no desenvolvimento de seus filhos; lojas de roupas on-line que oferecem dicas de moda, tendências e comportamento; lojas de carros que divulgam tabelas comparativas de desempenho de veículos concorrentes; etc.

Dia a dia, profissionais de planejamento de comunicação estão descobrindo que ter um *site* na web é fácil, mas conquistar audiência, e agradar com novidades e informações úteis, exige muita afinidade e conhecimento das expectativas e dos interesses de seu público-alvo e, ainda, uma dose enorme de conhecimento e busca das possibilidades *on-line*, diante do mutante comportamento do consumidor em rede. E, conforme já mencionado, além de ter sua utilidade comprovada como meio para uma mensagem atingir determinado público-alvo e para a conquista da audiência com serviço de utilidade pública, a internet está se consolidando como um canal de vendas prático e eficiente, que atende às necessidades de conveniência e urgência dos dias atuais.

Para garantir que uma mensagem atinja seu público-alvo, as ferramentas tradicionais estão sendo integradas, cada dia mais frequentemente, às complementares e, sobretudo, às inovadoras, tais como marketing viral e advertainment.

Além de comunicar e persuadir, por meio da internet é possível e indicado buscar o fechamento de vendas. As vendas *on--line* já representam, atualmente, porcentagens significativas do faturamento de lojas de varejo e outros produtos e serviços especializados. Conforme matéria publicada pela revista *Info Exame* (agosto de 2007), as lojas virtuais brasileiras faturaram 2,6 bilhões de reais no primeiro semestre de 2007, o que significou um crescimento de 49% em relação ao mesmo período do ano anterior. Os produtos mais vendidos foram livros, com 17%

de participação, seguidos por artigos de informática, com 13%, e aparelhos eletrônicos, com 10%. O estudo não incluiu o comércio *on-line* de automóveis e passagens aéreas e também não contabilizou os arremates em *sites* de leilão. Ao final do primeiro semestre desse mesmo ano, 8 milhões de pessoas no Brasil já haviam comprado pelo menos uma vez em lojas virtuais. Esse número representa 25% dos usuários da internet no país.

A internet, como ferramenta de comunicação, pode ainda esclarecer dúvidas dos clientes, prestar serviços de suporte *on-line*, dar conselhos, demonstrar o uso de produtos por meio de vídeos e tudo o mais que a criatividade de um bom planejamento permitir.

Para utilizar a internet como ferramenta de comunicação, em sua forma mais básica, pode-se:

- Inserir *banner* de uma empresa ou produto em *sites* que tenham como perfil de audiência o público-alvo de uma campanha, direcionando o internauta para um *site* específico de uma campanha, para o *site* da empresa ou diretamente para uma página de pedidos de compras.
- Criar uma estrutura de atendimento *on-line* para esclarecer dúvidas, vender ou informar o público-alvo.
- Promover debates e fóruns sobre determinado assunto.
- Patrocinar entrevistas *on-line* com personalidades, artistas ou profissionais especializados para esclarecer a opinião pública sobre temas polêmicos.
- Criar e mobilizar membros em comunidades de *sites* de relacionamento, como o Orkut.
- Prestar serviços de utilidade pública pela web.
- Criar *mailing* de *e-mails* de clientes para estratégias de fidelização, estabelecendo com eles um vínculo pela web para comunicar promoções dirigidas e exclusivas etc.

⊙ Criar promoções específicas com cupons emitidos pela internet, com atenção à legislação e pedindo autorização.

⊙ Patrocinar, inserir mensagens e realizar campanhas em cidades virtuais, como o Second Life, simulador em 3D da vida real que já teve mais de 9 milhões de usuários, ou em sites de games *on-line*, como o World of Warcraft — que em 2008 registrou picos de 5 milhões de jogadores simultâneos.

Segundo dados da pesquisa Ibope Net/Ratings, o Brasil registrou, em maio de 2008, o número recorde de 41,5 milhões de internautas, que declararam acessar a internet de casa, do trabalho, da escola, da biblioteca, de *lan-houses* ou de outros ambientes.

O número de pessoas com acesso à internet em casa também cresceu: hoje, são 35,5 milhões de brasileiros.

Com essa audiência, empresas pioneiras já incluem ações promocionais em seu planejamento de comunicação, como montagem de estandes de lançamento de produtos em cidades virtuais ou distribuição de brindes aos internautas apontados como público-alvo potencial.

Outra mudança significativa trazida pela internet está no trabalho dos jornalistas assessores de imprensa, ferramenta tática das ações de relações públicas. *Sites* e *blogs* especializados passaram a fazer parte da leitura diária de milhares de internautas. Além de gerar notícias para a veiculação nas mídias tradicionais, jornalistas do mundo todo estão incluindo como destinatários de suas mensagens blogueiros e geradores de conteúdo para *sites* especializados.

A internet está apenas em seu começo. Previsões do impacto desse novo *way of life* na cultura, no comportamento e nas relações humanas e comerciais dos mais variados países ainda parecem obras de ficção. Mas uma coisa é garantida: muito ainda será descoberto quanto às possibilidades da internet como ferramenta de comunicação, seja como mídia, prestação de serviços, lazer, vendas ou mesmo canal de relacionamento com clientes. Esse desenvolvimento se dará com profissionais e empresários capazes de garantir atualização constante, criatividade, senso apurado de oportunidade e profundo conhecimento do comportamento de seu público-alvo *on-line*.

EXERCÍCIOS

1 Uma grande loja de produtos infantis está realizando uma promoção cultural para atrair mães e mulheres grávidas. Proponha uma comunicação com divulgação pela internet. Cite alguns *sites* adequados e crie uma forma de comunicar a promoção que acontece na loja e também de atrair as mulheres grávidas e mães para visitarem o *site* da empresa.

2 Uma empresa patrocinadora de um grande evento musical dirigido ao público jovem deseja aproveitar a comunicação do evento na TV, rádio e revistas para, também, elevar o número de acessos ao seu *site*, rico em informações do interesse desse público. Crie um serviço *on-line* ligado ao evento para atrair os jovens para o *site* da empresa.

10 A CRIATIVIDADE

SE TODO PLANEJAMENTO de comunicação acontece em decorrência de um problema na busca de um objetivo de mercado, a criatividade torna-se indispensável para o diagnóstico, escolha estratégica e, é claro, criação: títulos, textos, *layout*, *spots* de rádio, roteiros etc. O que possibilita a criatividade é a busca de soluções para um problema. Assim, uma situação desafiadora é o ingrediente básico para fazer despertar a criatividade. Em um planejamento, é possível utilizar uma solução incomum que atinja os objetivos traçados de forma eficaz e inédita nas mais variadas tarefas e aplicações.

> "Criatividade é sinônimo de solução de um problema."
> ROBERTO MENNA BARRETO

Criatividade no planejamento

No modelo de comunicação (*veja a página 34*), criatividade no planejamento é encontrar uma solução incomum para o problema, para a mensagem, pela combinação criativa das mais variáveis ferramentas e pontos de comunicação com o público-alvo.

Criatividade na visão do produto/empresa (comunicador)

A globalização e a alta competitividade dos dias atuais transformaram a criatividade em uma das mais determinantes características de uma empresa e, consequentemente, de sua estratégia de comunicação. Antigamente, a superioridade de qualidade naquilo que todos oferecem poderia ser um fator decisivo para o sucesso, porém, hoje, o importante é a singularidade por meio da constante busca de soluções únicas e criativas para velhos e novos problemas.

Na área de comunicação, a criatividade é historicamente celebrada com seu foco na criação de campanhas. No planejamento de comunicação integrada, muitas vezes, a solução criativa é determinante e pode ser encontrada na forma de apresentação do produto, descobrindo um novo uso, uma nova embalagem, um novo posicionamento no mercado (alterando seus concorrentes) ou mesmo agregando novos valores às características existentes.

Criatividade na escolha do público-alvo

Em outros casos, a solução para o correto posicionamento de uma marca ou um produto no mercado está em encontrar um novo público-alvo em um novo mercado, muitas vezes, menos competitivo ou mais rentável para a empresa.

Um exemplo clássico é o *case* citado por Julio Ribeiro em *Tudo que você queria saber sobre propaganda e ninguém teve paciência para explicar*, cujo produto era tela de arame, vendida especificamente para produtores de galinhas. O problema do fabricante parecia insolúvel: as granjas evoluíram e passaram a criar galinhas confinadas e não mais utilizavam o produto, que, naquele momento, se acumulava empoeirado nas lojas. A solução foi, então, a criação de um novo mercado, mediante o estímulo à produção caseira de galinhas nos quintais das casas nas cidades do interior, demonstrando as vantagens da possibilidade de garantir uma renda extra para a família ou produzir para consumo próprio. Essa campanha, suportada pela distribuição de manuais que indicavam as vantagens, facilidades e, ainda, ensinavam como montar e cuidar de um galinheiro, gerou um novo público comprador de tela de arame.

Criatividade estratégica

Criatividade estratégica é a inovação na mecânica da campanha com o uso adequado das ferramentas de comunicação, capazes de agregar valor aos mais variados objetivos de comunicação. Por exemplo, uso de propaganda para divulgar a ideia de empresa moderna que vende produtos que oferecem beleza, somada ao patrocínio a feiras e congressos no setor, com demonstração dos produtos ao público-alvo e ações de prestação de serviços de informação sobre cuidados de beleza e saúde em *site* especializado na internet.

A criatividade estratégica exige o conhecimento da função e das possibilidades de uso dos mais variados canais de comunicação e, ainda, o acompanhamento das novas tecnologias e dos hábitos dos consumidores.

Criatividade na mensagem

A criatividade na mensagem é, normalmente, função do departamento de criação das agências. Mas uma orientação para a mensagem que mostre um lado nunca explorado de um produto, por exemplo, pode ser um fator decisivo para uma apresentação final muito criativa.

Roberto Menna Barreto, mestre em criatividade, oferece algumas sugestões para a busca de soluções criativas na formulação da mensagem final de uma comunicação:

CRIATIVIDADE VISUAL

- Com o objetivo da campanha em mente, a criatividade na apresentação visual do produto pode ser conseguida submetendo-o a uma "aventura visual". Por exemplo: pode-se colocar uma fita métrica em volta da embalagem de um produto para emagrecer. Neste tipo de solução, o produto deve ser o foco e o objeto adicional deve agregar a ele a imagem escolhida como diferencial.
- Encontrar uma maneira de demonstrar o benefício imediato do uso de determinado produto, fazendo o consumidor sentir que suas necessidades estão sendo atendidas.
- Criar uma ilustração que faça o consumidor sentir a mensagem – por exemplo:
"Há um limite máximo, mesmo para a produtividade" (para uma empresa de consultoria).
Ilustração: um lápis quase no fim, apontado dos dois lados.
"Uma ideia pode vencer qualquer coisa" (empresa de planejamento).
Ilustração: um lápis atravessando uma parede de tijolos.
- Comparar para valorizar – por exemplo:
Uma bala de revólver sobre o texto: "arma de defesa"; ao lado, o produto: um batom vermelho sobre o texto: "arma de conquista".

Um aspecto de uma solução visual criativa está relacionado com elementos que resumam a ideia a ser transmitida. O foco no retorno desejado para uma comunicação deve ser o desafio dos criadores da mensagem para encontrar uma forma inusitada de transmitir a ideia central determinada no planejamento de comunicação. Anos atrás, a busca de criatividade publicitária objetivava a conquista de prêmios internacionais. Atualmente, o foco da ação criativa deve ser encontrar soluções inéditas para otimizar o retorno desejado de uma comunicação.

CRIATIVIDADE EDITORIAL

Criatividade editorial é encontrar a solução mediante frases, títulos e textos. Exemplos:

1. Defender uma tese – impor um raciocínio lógico e inquestionável: encontrar uma razão inquestionável para o produto. Por exemplo:
"Melhor do que entender de ações é ganhar dinheiro com elas."
"Quanto menos você gastar com seu carro, mais dinheiro terá para gastar com outras coisas."
"Todo segredo de um brinquedo... Toda criança tem uma estrela dentro do coração." (*slogan* da Estrela)
2. Humanizar – utilizar a sensibilidade para atingir o emocional das pessoas e envolvê-las. Exemplo:
Campanha para promover o uso de cheques de viagem.
Ilustração: uma criança chorando, triste.
Texto: "No terceiro dia de férias, perdemos todo o dinheiro. O mais difícil foi dizer ao Marquinhos: 'Vamos voltar para casa uma semana mais cedo'".
3. Particularizar – partir do geral para o particular. Por exemplo: a Rolex já fez anúncios de páginas duplas não para falar da precisão de sua produção, mas para exaltar os cuidados que a empresa tem na construção do estojo que vai embalar seu produto.
4. Explicar o produto – as pessoas compram aquilo que conhecem mais e melhor. Procurar explicar qualidades do produto pode ser um bom caminho para apresentá-lo de forma diferenciada. Muitas vezes não nos damos conta de que o receptor da mensagem pode estar desinformado sobre as característi-

cas do produto e sua utilização, deixando pouco claro qual necessidade sua pode ser atendida.

5 Explicar o antiproduto – esta solução editorial procura mostrar as características de um produto enfatizando o que a ausência delas pode causar de problemas, ressaltando todo tipo de infelicidade que pode advir do não uso de seu produto.

6 Fazer o receptor da mensagem viver o drama – como causar forte impacto. Este caminho criativo não pensa nas pessoas como massa, pensa em um indivíduo que está ouvindo sua mensagem. Por exemplo:
Anúncio no rádio:
Dez segundos de silêncio
Locutor 1: "Você acabou de ouvir a introdução estupenda da 5ª Sinfonia de Chopin".
Locutor 2: "É assim que mais de um milhão de surdos da grande São Paulo ouvem as maravilhas musicais da humanidade... Não permita que seus pais deixem de ouvir a arte na velhice. Centro auditivo de prevenção. Não deixe de ouvir esta mensagem".

7 Desdobrar o uso do produto – pensar, refletir, ampliar e mostrar aplicações do produto. Por exemplo:
- Não venda cesta de flores; venda a conquista.
- Não venda óleo de cozinha; venda receitas completas.
- Explore o uso do produto.

8 Transmitir uma informação útil – utilizar a comunicação de uma empresa como uma forma de prestar um serviço ao seu público-alvo é sempre simpático e aponta um caminho para uma solução criativa e marcante ao divulgar dados curiosos e pesquisas que confirmem a mensagem a ser transmitida.
Exemplo:
"Para cada Volkswagen vendido na Itália, três Fiats são vendidos na Alemanha. Para cada Renault vendido na Itália, três Fiats são vendidos na França".

9 Testemunhal – esta solução aponta o uso de pessoas conhecidas do público-alvo para falar de um produto, empresa ou causa.
10 Despertar a curiosidade – títulos criativos que despertam a curiosidade chamam a atenção do leitor para a comunicação da empresa.
11 Humor – soluções criativas com humor chamam a atenção, mas é preciso ter cuidado: o humor de qualidade universal é raro e pede profundo conhecimento das características do público-alvo e da cultura da sociedade como um todo.
12 Inventar uma desculpa para a compra do produto – este caminho criativo faz uso de uma característica humana de procurar justificar suas escolhas e vontades. Procurar oferecer ao receptor da mensagem uma boa razão ou desculpa para a compra ou o uso do produto é um bom caminho para gerar uma comunicação criativa e agradável.

A criatividade na mensagem geralmente é fruto de um exaustivo trabalho de reflexão bem informada. Entender a fundo as necessidades do público-alvo e as características do produto, explorando-o em uma aventura de uso e aplicações no dia-a-dia, é o caminho exaustivo utilizado na etapa final de uma comunicação a fim de atingir o retorno esperado.

EXERCÍCIOS

1 Cite e explique ações criativas na escolha do público-alvo em um planejamento de comunicação.

_____
_____
_____
_____
_____
_____

2 Defina criatividade e defenda sua aplicação no planejamento de comunicação integrada.

_____
_____
_____
_____
_____
_____

11 O PLANO DE COMUNICAÇÃO INTEGRADA

O **PLANO DE COMUNICAÇÃO INTEGRADA** fornece a orientação de como apresentar o estudo, as conclusões e as estratégias definidas pelo trabalho de planejamento. É o momento em que o planejamento realizado é apresentado e tem como objetivo fornecer a orientação estratégica e tática para a comunicação. A apresentação do plano deve oferecer uma visão precisa e clara da análise realizada, dos dados coletados, dos objetivos de mercado a serem atingidos, dos objetivos determinados para a comunicação e o embasamento teórico e prático que justifica a estratégia e a orientação propostas no planejamento.

Um bom plano de comunicação integrada deve conter os seguintes itens:

1 Introdução – breve explicação sobre o problema central, os objetivos a serem atingidos e a metodologia utilizada para a coleta de informações e análise.
2 Situação atual:
   • Do mercado – tendências econômicas, comportamento e estilo de vida, necessidades e análise do mercado potencial.
   • Do produto – características, pontos positivos, pontos negativos, diferenciais, preço etc.
   • Do produto no mercado – hábitos de consumo, percepção de valor, épocas ideais para o consumo, concorrentes etc.

3 **Metas da empresa** (objetivos de mercado) e objetivo da comunicação – o que a empresa x deve fazer para atingir suas metas no mercado?
- Aumentar a consciência da marca?
- Informar sobre os atributos do produto?
- Modificar a percepção que o cliente tem do produto?
- Mudar a imagem da marca?
- Estimular experimentação?
- Destacar-se da concorrência?
- Movimentar e ganhar espaço no ponto-de-venda?

4 **Estratégia – Planejamento**
- Público-alvo escolhido para a campanha: características, necessidades e perfil.
- Canais de comunicação propostos para a campanha: propaganda, promoção, marketing direto, relações públicas, força de vendas; isolados ou em conjunto?
- Ações permanentes, em campanhas periódicas ou apenas para resolver um problema vivido momentaneamente pela empresa?
- Períodos de veiculação de cada um.
- Mídias escolhidas para a veiculação da campanha: jornais, televisão, internet etc.

5 **Orientação para a mensagem**
- Apelo – diferencial do produto, institucional, divulgação de benefício temporário (promoção), destaque para a imagem da marca etc.
- Mídia para cada canal de comunicação escolhido – jornais, revistas, internet, televisão, rádio, folhetos, *outdoors*, coberturas, determinação do período, *releases* etc.

6 **Orçamento** – resumo dos custos.

7 **Conclusão** – uma frase que resuma o problema e "defenda" a estratégia proposta para a sua solução.

8 Recomendações finais – neste item, o plano de comunicação deve alertar para os aspectos mais importantes do plano elaborado.

EXERCÍCIO

Desenvolva um plano de comunicação integrada para as empresas abaixo:

Empresa 1: fabricante de cuecas e meias
Distribuição: **lojas de roupas masculinas de alto padrão**
Produto: **cuecas e meias de alta qualidade, materiais de vanguarda e grande conforto**
Características: **conforto e beleza**
Público-alvo: **homens da classe A**
Histórico: **marca tradicional brasileira conhecida por todos os homens, tradicionalmente vendida a homens de mais de 40 anos**
Objetivo: **elevar vendas e consolidar imagem de qualidade da marca**

Empresa 2: clínica de estética feminina
Localização: bairros de classe média
Produto: serviços de tratamentos estéticos corporais e faciais
Vendas: esteticistas na loja para tirar dúvidas e sugerir tratamentos
Características: equipamentos tradicionais e de vanguarda tecnológica; pacotes de estética sugeridos por esteticistas, cinco sessões de cada tipo de tratamento e pacotes econômicos de dez sessões
Público-alvo: mulheres das classes B e C
Histórico: recém-inaugurada, a clínica tem como diferencial o tratamento com produtos franceses a custos acessíveis
Objetivo: lançar serviços no mercado e captar clientes

12 UMA VISÃO HOLÍSTICA DA COMUNICAÇÃO

O **PLANEJAMENTO DE COMUNICAÇÃO**, além de solucionar problemas relacionados à busca das metas e dos objetivos específicos, deve olhar a comunicação de uma forma mais ampla do que, simplesmente, a elaboração das mensagens e sua transmissão pelos mais variados veículos de comunicação em campanhas publicitárias isoladas e ações permanentes de relações públicas ou CRM. O planejamento de comunicação, integrado ao planejamento de marketing, e a comunicação integrada de marketing (CIM) devem priorizar uma visão holística, ou seja, integral, dos mais variados contatos do comunicador (1) com seu mercado.

Como visto, o planejamento de comunicação lida diretamente com a percepção que determinado segmento de mercado tem em relação a produtos, empresas, marcas, ideias etc. Ao lidar com a busca da formação de percepções positivas sobre o que deve ser comunicado, é preciso lembrar a 4ª lei do marketing, descrita no capítulo 2, que afirma que marketing é uma batalha de percepções e planejar a comunicação de uma empresa é conhecer, orientar e conduzir essas percepções do público-alvo de forma a conquistar os resultados desejados.

Com base no conhecimento de que o processamento e registro das informações sobre as percepções dos consumidores trabalham por acúmulo e comparação entre as mensagens recebidas e registradas, qualquer contato de uma marca ou um produto com elementos de seu mercado comunica e gera uma mensagem no receptor por ele "gravada". É na mente dos consumidores que são travadas as maiores batalhas do marketing. Dessa forma, uma visão holística da comunicação deve avaliar qualquer contato de um produto/marca/serviço/ideia/empresa com seu mercado como uma mensagem capaz de gerar uma informação que fica armazenada na mente de seu público-alvo.

Ao conjunto dessas mensagens podemos chamar Somatório dos Pontos de Comunicação (SPC).

Uma visão holística reforça a importância do planejamento de comunicação integrada e da análise de todos os elementos do modelo de comunicação. Comunicar de forma integrada é garantir que o público consumidor receba dos demais receptores/transmissores (público interno e intermediários) uma mesma mensagem coerente e alinhada com os objetivos de uma empresa.

O planejamento de comunicação deve avaliar e uniformizar as mensagens transmitidas nos mais variados contatos de um comunicador com seus receptores de forma a garantir os objetivos da comunicação determinados, para que ele atinja os resultados esperados. A harmonia das mensagens transmitidas por esse conjunto é um dos fatores determinantes para a conquista da **integração da comunicação** sob o prisma holístico.

Na fase de avaliação de um problema, pode-se detectar uma redução no impacto da comunicação relacionada a um provável conflito de imagens transmitidas em uma campanha planejada com as demais informações enviadas em todos os pontos de comunicação com o mercado, gerando um SPC negativo.

Como foi visto, um dos aspectos decisivos para o sucesso de uma comunicação é a existência da confiança por parte do receptor da mensagem, e um SPC positivo pode contribuir para essa conquista, pois quando há harmonia há **coerência**

em todas as informações acumuladas na mente do público-
-alvo, gerando confiança.

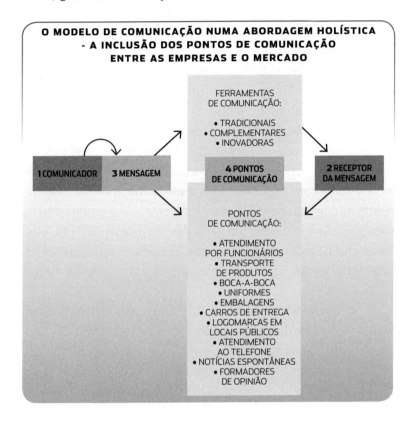

Cada perfil de comunicador deve ter seus pontos de comunicação avaliados, pois variam de acordo com o tipo de empresa ou organização. Um exemplo simples: uma campanha planejada que enfatize a higiene nos processos de produção de determinado alimento tem por objetivo divulgar a ideia: o produto x é preparado com higiene (primeira informação registrada). Enquanto a campanha é veiculada na mídia escolhida, atingindo seu público-alvo, este mesmo potencial consumidor, receptor dessa mensagem e integrante do ambiente de marketing da empresa, pode estar parado em um grande engarrafamento, quando um caminhão que distribui o produto passa completamente sujo e dele saem funcionários de uniforme emporcalhado. A situação descrita pode parecer impossível, mas, ao contrário, é bastante corriqueira e gera um SPC negativo. Nesse caso, se o planejamento de comunicação for realizado de forma isolada do ambiente de marketing e dessa visão abrangente, o fato da má apresentação no ato da distribuição pode passar despercebido.

Os dirigentes de empresas que, fechados em seus escritórios, ignoram a pesquisa dos pontos externos de contato de suas marcas com seus mercados e não a integram ao planejamento de comunicação podem, facilmente, cometer tal falha de coerência. Sendo assim, um certo dia, no momento de escolha de produtos, os consumidores que receberam informações incoerentes checam, instantaneamente, os registros feitos e a resposta é: dúvida.

O planejamento de comunicação tem que ir além das estratégias de campanhas planejadas e deve, a todo instante, checar a coerência das mensagens enviadas ao mercado, buscando, ainda, a conscientização de toda a empresa e colocando-a em harmonia com seus objetivos, a fim de somar e ampliar o esforço despendido na busca dos mais variados resultados, fazendo uso estratégico do planejamento de comunicação integrada de marketing.

EXERCÍCIOS

1 Liste dez possíveis pontos de comunicação para as empresas abaixo:
- Rede de lanchonetes
- Fábrica de sorvetes
- Imobiliária
- Rede de supermercados

2 Uma empresa fabricante de celulares fará uma grande campanha para divulgar a ideia de alta tecnologia. Para isso, está programada a veiculação de propaganda em TV, rádio, revistas e internet. Proponha de forma criativa a ampliação da visibilidade da campanha e seu conceito de qualidade aos demais pontos de comunicação da empresa com seu mercado-alvo.

Conclusão

O **PLANEJAMENTO DE COMUNICAÇÃO INTEGRADA** consiste em buscar a solução de um problema, que ocorre dentro de um ambiente de marketing, relacionado diretamente à conquista de determinado objetivo de mercado. Sua função é conhecer as características do que deve ser comunicado e do seu público-alvo, como parte de um complexo ambiente de marketing, para então definir a mensagem a ser transmitida, as ferramentas ideais e os meios mais indicados para atingir o resultado desejado. Para isso, é preciso conhecer as características e o comportamento de compra dos receptores da mensagem, considerar a pulverizada audiência dos atuais meios de comunicação e as mudanças, cada vez mais frequentes, nos hábitos dos consumidores. Para planejar a comunicação de forma integrada é preciso, ainda, ampliar a visão sobre os contatos de uma empresa ou marca com seu mercado e, assim, conhecer e determinar seus pontos de comunicação com seu público-alvo.

Apesar de amplamente discutida há anos, a prática do planejamento de comunicação integrada ainda depende de mudanças organizacionais e estruturais e de profissionais especializados em desespecialização (!).

Essa nova maneira de pensar a comunicação vem causando grandes transformações e muitas discussões dentro da indústria da comunicação, tendo sido um dos principais temas do IV Congresso Brasileiro de Publicidade, que aconteceu em julho de 2008.

A Comissão de Comunicação Integrada, presidida por Eduardo Fisher, que também é presidente do grupo Totalcom, apresentou no encerramento do congresso a tese final do grupo, cujo fragmento foi citado anteriormente. Abaixo, a íntegra do documento:

Tese da Comissão de Comunicação Integrada – IV Congresso Brasileiro de Publicidade (julho de 2008)

Após produtivas reuniões de trabalho em que lideranças representativas do mercado (agências, anunciantes, fornecedores e veículos, meios/programadores de conteúdo) trocaram suas experiências, inquietações, anseios e objetivos, a Comissão de Comunicação Integrada decidiu pautar seus trabalhos no Congresso a partir do enfoque em "Gente".

Entendemos que a tão desejada integração das múltiplas ferramentas da comunicação, para ser colocada em prática com eficácia, especialmente em tempos de explosiva fragmentação das mídias e multiplicação dos pontos de contato entre marcas e consumidores, depende fundamentalmente de pessoas.

São as pessoas que fazem a Comunicação Integrada acontecer. É do capital humano que dependem as ideias criativas, o pensamento estratégico, a execução dos trabalhos, a liderança de pessoas e de processos, o movimento das marcas. E gente só faz isso acontecer com resultados quando bem amparada por três pilares:

1) Competência – formação e treinamento.

2) Avaliação de desempenho/métrica.

3) Remuneração adequada.

As recomendações da comissão:

1) a criação de uma cadeira de Comunicação Integrada a ser adotada por todas as instituições de ensino de Comunicação Social. Para isso sugerimos a formação de uma Comissão Mista constituída por Profissionais de Comunicação, Acadêmicos e Autoridades do setor educacional que vai definir os critérios, padrões e diretrizes desta disciplina, que deverá ser incluída desde o primeiro ano dos cursos regulares.

2) que todo esforço de Comunicação Integrada seja precedido do estabelecimento de objetivos claros e assumidos por todas as partes, com o intuito de serem mensurados a partir de critérios pré-estabelecidos.

3) que, sem abdicar dos critérios de remuneração já existentes, como o CENP por exemplo, mas considerando que este novo modelo de Comunicação deve estimular a integração entre processos/serviços/empresas, é fundamental adotar um modelo de remuneração, para os projetos de Comunicação Integrada, baseado em resultados. Esses resultados deverão ser avaliados com regras específicas para cada caso, pré-definidas pelas partes.

As conclusões do trabalho da comissão vêm confirmar a importância de planejar, entender e potencializar o uso integrado das ferramentas de comunicação em um mundo em constante e veloz transformação de hábitos, desejos e necessidades.

O planejamento de comunicação integrada é, atualmente, parte fundamental do trabalho de busca de soluções por meio da comunicação de marketing. Ainda comparando-o a um jogo de xadrez, neste dinâmico tabuleiro é possível a criação de novas peças, novos jogadores e novos objetivos decorrentes de circunstâncias externas ou como escolha do próprio planejamento, a ser executado com a criatividade característica desse segmento. Afinal, como descrito nas conclusões dos trabalhos da Comissão de Comunicação Integrada do IV Congresso Brasileiro de Publicidade: "São as pessoas que fazem a Comunicação Integrada acontecer".

Diante desse novo cenário, basta, então, tomarmos as rédeas da transformação do futuro da comunicação no Brasil, buscando soluções para atender à necessidade e ao desejo do mercado por uma maior integração da comunicação.

BIBLIOGRAFIA

Associação de Marketing Promocional. "Tese final do IV Congresso Brasileiro de Publicidade". Disponível em: www.ampro.com.br/ampro/iv_congresso_publicidade/teses_ampro.asp.

Cavallini, Ricardo. *O marketing depois de amanhã*. São Paulo: Digerati Books, 2006.

Corrêa, Roberto. *Planejamento de propaganda*. São Paulo: Global, 1986.

Ferracciù, João De Simoni Soderini. *Marketing promocional*: a evolução da promoção de vendas. 6. ed. São Paulo: Pearson Prentice Hall, 2007.

_____. *Promoção de vendas*. São Paulo: Makron Books, 1997.

Gade, Christiane. *Psicologia do consumidor e da propaganda*. São Paulo: EPU, 1998.

Gracioso, Francisco. *Marketing*. São Paulo: Global, 1998.

Jobs, Jim. *Do marketing direto ao database marketing*. São Paulo: Makron Books, 1993.

Kotler, Philip. *Marketing para o século XXI*. São Paulo: Futura, 1999.

Kotler, Philip; Armstrong, Gary. *Princípios de marketing*. 9. ed. Rio de Janeiro: Prentice Hall, 2003.

Menna Barreto, Roberto. *Criatividade em propaganda*. São Paulo: Summus, 1982.

_____. *Criatividade no trabalho e na vida*. São Paulo: Summus, 1997.

Ogden, James R.; Crescitelli, Edson. *Comunicação integrada de marketing*. São Paulo: Pearson, 2007.

Pinho, José Benedito. *Propaganda institucional: usos e funções da propaganda em relações públicas*. São Paulo: Summus, 1990.

Ribeiro, Julio et al. *Tudo que você queria saber sobre propaganda e ninguém teve paciência para explicar*. 3. ed. São Paulo: Atlas, 1989.

Ries, Al; Trout, Jack. *As 22 consagradas leis do marketing*. São Paulo: Makron Books, 1993.

SAMA, Meishu. *O homem, a saúde e a felicidade.* São Paulo: Fundação Mokiti Okada, 2008. (Coletânea Alicerce do Paraíso, v. 3)

YANAZE, Mitsuru (org.). *Marketing & comunicação:* funções, conceitos e aplicações. São Paulo: STS, 2006.

ZICARD, João Carlos. Texto sobre marketing promocional. Disponível em: www.meioemensagem.com.br/ivcongresso/forum_11.jsp.

www.gruposummus.com.br

IMPRESSO NA
sumago gráfica editorial ltda
rua itauna, 789 vila maria
02111-031 são paulo sp
tel e fax 11 **2955 5636**
sumago@sumago.com.br

GRÁFICA
sumago